나의 꽃 이야기

- My flower story -

박 선 옥 지음

서문당

책을 내면서

꽃은 아름답다. 완전하다.

꽃을 바라보고 있노라면, 어느새 꽃 속에 빠져든다.

태어나서부터 함께 했던 꽃은 언제나 감동이었으며, 현재진행형이다.

꽃은 그 자리에 있어도 사람을 움직이게 한다.

꽃은 말하지 않아도 사람을 깨닫게 한다.

자연은 생각하지 않아도, 말하지 않아도, 행동하지 않아도 세상을 아름답게 하고, 행복하게 하고, 사랑하게 한다.

그들에게는 우리가 볼 수 없는 무한한 에너지가 존재한다.

어린 날 풀밭에 뒹굴며 생명의 신비함을 알았고, 꽃을 보며 가슴속 황홀한 떨림을 알았고, 노을과 하늘과 구름을 보며 꿈과 희망의 뜻을 어렴풋이 알아갔다. 이들은 나의 꿈결 같은 친구이자, 스승이며, 포근한 안식처였다.

그 작은 생명들이 마음을 깨운다.

그들과 함께 머나먼 우주로 여행을 떠난다.

언젠가는,

소리 없는 꽃들의 이야기를 들을 수 있도록 하얀 백지가 되고 싶다.

지은이 박 선 옥

나의 꽃 이야기

- My flower story -

박 선 옥 지음

차 례

1. 언제나 반겨주던 할미꽃

3월, 아직 만물은 움츠려 있다. 초등학교 1학년이 되어 학교 갔다 돌아오는 길, 양지를 따라 논둑 밑으로 내려간다.

혼자 오는 하교 길이 아직은 낯설어 처음에는 빨리 걸어 다녀야 했다.

5리 길을 걸어 동네 어귀에 들어서면서 겨우 가슴을 펴고 마음이 편안해진다.

집 앞 논둑 아래선 뽀얀 털 모자를 쓰고 수줍은 듯 나온 할미꽃이 기다린다.

아, 할미꽃! 아기처럼 신기하고 귀엽다.

전에도 보아 왔던 꽃이지만, 할미꽃과의 만남은 언제나 가슴 벅찬 감동이다.

융단 같은 자주색 꽃잎과 샛노란 꽃술로 나를 반겼던 너를 어찌 잊을 수 있을까!

할미꽃

2. 미안하다 양지꽃

너의 이름도 모르던 아주 어린 시절,

길옆에 핀 샛노란 네 모습에 반해 나의 꽃밭으로 데려왔단다. 그 옆엔 보라색 반지꽃, 할미꽃도 빠지지 않았어.

어린 손으로 캐낸 너희들은 몸살을 하다가 시들어 버렸지.

장독 뒤 나의 작은 꽃밭에 물을 주고 또 주어도 번번이 실패하고 말았구나.

얼마나 안타깝고 실망을 했는지….

미안하다 양지꽃,

그리고 너의 친구들….

양지바른 장독대 담 밑에는 오빠 꽃밭, 내 꽃밭, 그리고 오빠 꽃밭 대신에 동생들 꽃밭이 대를 이었다.

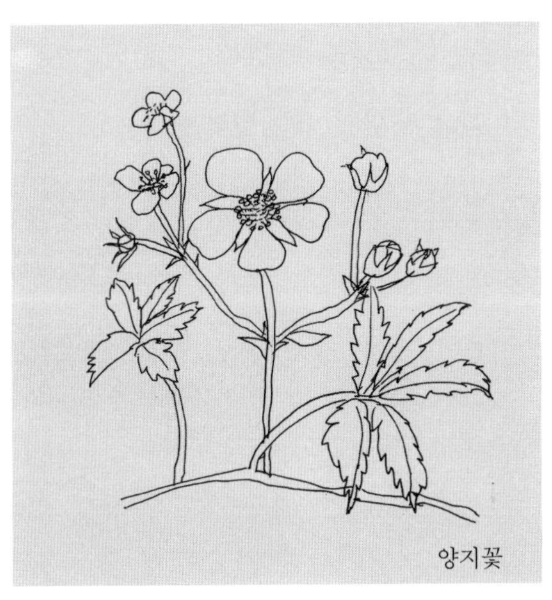
양지꽃

3. 구슬붕이

어느 날 할미꽃 옆에서 널 발견하고 깜짝 놀랐어. 처음 보는 꽃이었거든.

보랏빛 별 몇 개가 땅속에서 솟아나더구나.

땅에 붙은 네 모습이 얼마나 예쁘고 신기했던지, 난 네게 이름을 붙였어.

별꽃이라고, 나만이 아는 별꽃….

4. 봄의 요정 봄맞이꽃

봄을 맞이한다는 봄맞이 하얀 꽃, 가냘프지만 또렷한 너의 모습은 봄을 마중 나온 아기씨 같았어.

어쩌면 봄의 요정이 내려와 봄맞이를 하는지 모르겠구나.

네가 하늘하늘 봄바람에 몸을 떨면, 봄이 너와 함께 퍼져갔단다. 누가 너를 보고 반기지 않겠니!

봄, 들에 나가면 한 뿌리에 여러 줄기가 함께 올라와 가냘픈 꽃대 위에 앙증맞은 하얀 꽃들을 피운다.

너무나 깜찍하고 사랑스러워 이들을 만나면 그냥 지나칠 수 없게 하는 봄맞이꽃이다.

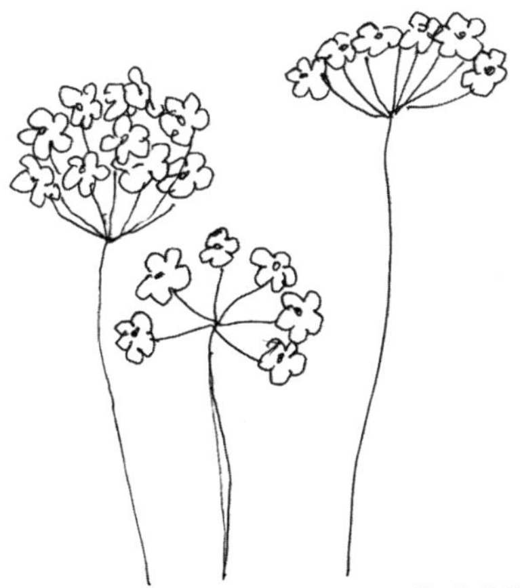

봄맞이꽃

5. 개불알풀(봄까치꽃)

일찍이 보지 못했던 꽃!

어느 봄날, 성인이 되어 어느 시골길을 지나가는데, 네가 부르는 소리를 들었어. 아주 작은 소리였지만 그 떨리는 파장은 무르익은 봄볕보다 강했단다.

첫 만남은 언제나 가슴이 뛰었지. 아! 정말 놀랍고도 신비롭더구나. 어머, 네가 누구니? 내가 왜 아직 널 몰랐을까?

보기 드문 파란색 작은 꽃은 꽃 모양과 색채도 예술이었지만, 이름도 특별했다.

자세히 보니 4개의 꽃잎 중 한 잎은 좀 작으며 길쭉한데 색깔도 흰빛이 돌았다.

둥근 톱니를 가진 동그란 잎 위로 파란 꽃들이 별처럼 뿌려져 영롱한 빛을 발했다.

개불알풀! 작은 잡초여서 못 보고 스치기 십상이다.

난 그때부터 학교 도서관의 식물도감과 친해졌다.

개불알풀, 봄맞이꽃, 구슬붕이, 양지꽃, 별꽃 등등 도감을 뒤적이며 알고 싶어 하던 식물이 나올 때마다 감탄사가 절로 나왔다.

얼마나 고맙고 반가웠던지-

개불알풀

6. 선개불알풀

학교 꽃밭에 풀들이 가득 자랐어. 잡초를 놔두면 안 되거든. 풀을 뽑다가 눈에 띌까 말까 한 푸른빛 점을 보았단다. 자세히 살펴보니 완벽한 꽃이더라. 내가 좋아하는 개불알꽃 사촌 같았어. 꽃 모양과 색채가 개불알꽃과 비슷했지만, 넌 아주 작은 키에 꼿꼿이 서서 보일 듯 말 듯 점 같은 꽃을 가지 끝에 피우고 있었어. 그래서 너의 이름이 선개불알풀이라는 걸 알았단다.

길가에 이름 모를 잡초들, 섞여 있으면 보이지도 않는 아주 작은 풀들, 봄철 잠시 돋았다 스러지는 여린 풀들도 이렇게 저마다 꽃들을 피우고 씨앗을 만들어 종자를 번식하고 있었다.

어린 나물일 때는 나물로 쓰일 때만의 풀을 알았고, 어느 풀에 어떤 꽃이 피었는지, 요렇게 작은 꽃들도 있었는지 보이지도 않았고 관심도 없었다. 또 모든 잡초가 이름을 갖고 있는지도 몰랐다.

나이가 들면서 관심도 생기고 눈에 보이기도 했다. 이제는 길가의 꽃마리도 보이고 개불알풀도 보이고 국수쟁이의 아주 작은 별꽃도 보였다.

관심이란 상생하는 마음이 아닐까? 또는 존재의 이유를 갖게 하는 것 같다.

비록 이름 모를 잡초에도 관심을 가지고 바라보고 있노라면, 하나하나가 경이롭고 아름답다. 그들에게 사랑의 노래를 들으며 놀라움에 가슴을 떨기도 한다.

선개불알풀

7. 애기똥풀

너를 꺾으면 애기똥물 같은 유황색 액이 나온다 하여 애기똥풀이라 부른대. 사실 너를 좋아하진 않았지.

어린 날 학교를 오고 갈 때 네가 많이 피어있는 집 앞을 지나다녔어. 너는 그 집 주위에서만 볼 수 있었지.

그런데 그 앞을 지나갈 때면 특유의 냄새가 났단다. 약간 음산하기도 하고, 왠지 습한 기운이 느껴졌어. 그 집의 이야기가 더욱 어린 나를 피하고 싶게 했을 거야.

옛날에 그 집 남편이 부인을 우물에 거꾸로 집어넣어 부인이 미쳤단 이야기가 전해졌거든. 내려오는 이야기라 사실인지는 모르지만, 아이들 사이에서 퍼졌던 말이야. 그래서인지 너의 꽃은 예뻤지만, 몸에 털도 많고, 그 집 둘레에 피었기 때문에 가까이 갈 수 없었어.

지금은 흔하게 피어 있는 너를 볼 수 있는데, 아마도 시야가 넓어진 탓이겠지.

애기똥풀은 복통, 이질, 설사에 효능이 있다고 교사 연수시간에 배웠단다.

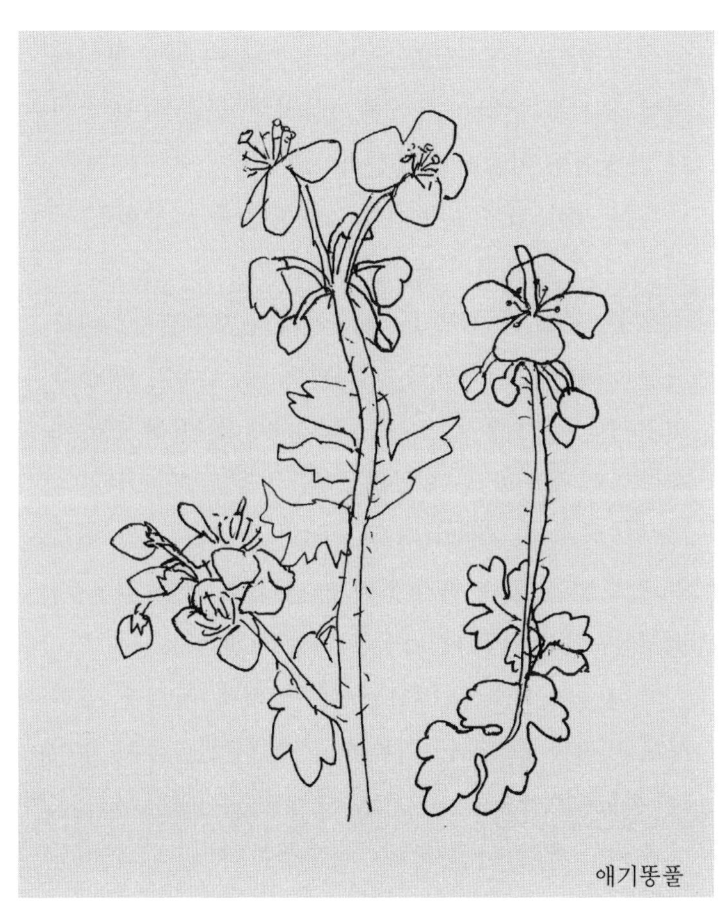

애기똥풀

8. 벼룩나물(벌금자리)과 벼룩이자리(국수쟁이)

구슬붕이는 별 모양 꽃인데도 이름이 구슬붕이라 이상하다 했는데, 벼룩나물, 넌 하얀 꽃잎을 10장이나 가졌어도 이름이 벼룩별꽃이래.

이름 모를 잡초로 무심히 지나쳤던 풀꽃 중에는 알고 보니 별꽃 종류가 많기도 하더라.

별꽃, 큰별꽃, 쇠별꽃, 벼룩이자리(모래별꽃) 벼룩나물(벼룩별꽃) 개별꽃, 긴잎별꽃 등 모두가 별꽃을 피우는데, 흰색에 꽃 모양도 흡사하여 꽃만 보고는 내 능력으로 구분할 수가 없더구나.

어머니가 벌금자리(벼룩나물)라 부르던 너는 여러 갈래로 벋은 붉은 줄기에 마주 난 좁고 작은 잎을 가졌고, 우리가 어릴 때 나물로 먹었단다.

특히 논바닥에 많이 나는데, 인터넷 백과를 찾아보니 벼룩나물이라는 이름을 갖기 전에는 '국수청이라' 불렸다는구나.

우리가 캐던 나물 중에 '국수쟁이' 라는 너와 비슷하게 생겼지만, 잎이 좀 더 둥글고 아주 귀여운 모습으로 이른 봄, 밭이나 들에 많이 나는 나물이 있었어.

너의 국수청이란 옛 이름을 보면서, 국수청이가 전해 내려오면서 국수쟁이로 변한 것은 아닐까? 아니면

청이가 쟁이로 변하여 너와 비슷한 나물에 그 이름이 옮겨진 것일까? 그것도 아니면 애초부터 국수청이와 국수쟁이가 따로 있었을까? 또 하나 풀어야 할 의문이 생기더라.

그런데 자료를 찾다 보니 우리가 국수쟁이라 부르던 나물은 '벼룩이자리' 라는 것을 알았고, 벼룩이자리는 꽃잎이 5장인데 갈라지지 않아 벼룩나물과 구별

벼룩이자리

이 되었어.

올봄 처음으로 길가에서 국수쟁이(벼룩이자리) 너의 하얀 별꽃을 보았단다. 인터넷 백과에서 본 대로 꽃받침이 꽃보다 크고 자세히 살펴야 보이는 귀여운 꽃이었어. 얼마나 반가웠던지...

벌금자리, 벼룩나물이라 불리는 너는 꽃잎이 5장이지만, 꽃잎마다 깊이 파여 10장으로 보인대. 그래서 별꽃이라는 이름이 붙었고, 나도 네가 5장 꽃잎인 줄은 몰랐어. 또한 너의 잎은 참새 혀처럼 좁고 길쭉한데, 녹차가 귀하던 시절, 작설차 대용으로 말려서 차로 마셨다는 학설이 남아있대.

언제 너를 만나면 차를 만들어 보고 싶어. 어떤 맛이 나는지 궁금하기도 하고....

이제 너(벼룩나물)와 벼룩이자리를 확실히 알게 된 것 같아 기쁘구나.

* 충청도 지역에선 벼룩이자리를 국수쟁이로 불린단다.

9. 제비꽃

집 앞 양지 녘에 부지런히 봄소식을 알렸던 너의 보랏빛! 오묘한 그 모습을 누가 흉내 낼 수 있을까?

아직 어린 우리들에게 알 수 없는 기쁨과 꿈을 주었지.

반지꽃이라 불렸던 너는 우리의 조그만 손가락에 반지도 되어주고, 씨방에서 만든 쌀과 보리쌀로 소꿉놀이는 한층 재미를 더 했단다.

너의 씨앗들을 우리는 그렇게 불렀어. 또한, 내게 처음으로 보랏빛을 알게 한 꽃이란다. 아이들이 사랑한 꽃, 보랏빛 반지꽃! 언제 봐도 반가운 제비꽃!

꽃들은 저마다 자기만의 모습과 향기를 지니며 피어난다.

어느 꽃이 더 예쁘고 덜 예쁘다는 생각은 보는 사람의 마음일 것이다.

제비꽃

10. 궁금했던 민들레

민들레! 초등학교 2학년 때 자연책에서 너를 만났어.

나는 네 모습을 자연 공책 공란에 얼마나 그렸는지 몰라. 냉이, 민들레, 나팔꽃….

그려오기 자연 숙제를 내는 날이면 두근두근 행복했단다.

너를 직접 보진 못했지만 사방으로 뻗친 톱니 같은 잎과 가운데로 올라온 여러 겹의 노란 꽃잎, 민들레 노래를 배우고, 음악 책에 그려진 삽화도 보았지만, 먼 길 학교를 오갔어도 노랫말처럼 길가의 민들레는 보지 못했어. 언제나 네가 궁금했단다.

여고를 졸업하고 입장에 있는 창숙이네를 갔는데, 길가에서 한눈에 민들레 꽃을 알아봤다.

아! 이제야 민들레를 보게 되다니……. 너무나 반가웠다. 난 조심조심 깊이 캐어 우리 집 꽃밭에 심었다.

그때부터 우리 마을에도 여기저기 노랑 민들레가 봄을 맞이했다. 거짓말 같은 사실이다.

"왜 이 근방엔 민들레가 없지요?"

그 전에 어머니에게 물은 적이 있다.

“아마도 먹을 게 궁하다보니 민들레 씨가 말랐나보다” 하셨다.

민들레

11. 저녁꾼과 쇠뜨기

네가 양지바른 논둑 아래에 빼곡히 나올 때면 우리는 뱀풀이라 하여 널 소꿉놀이에서 제외했단다. 꼭 뱀머리 같았어. 살색 빛을 띤 것도 이상하고–

네가 포자를 번식하고 사라지면 그 자리에 쇠뜨기가 나온다는 것도 나중에 알았지.

우리가 말하는 뱀풀은 포자체이고, 쇠뜨기는 영양체라고 하는구나. 잡초가 그렇듯이 너도 생명력이나 번식력이 무척 강한 가봐. 쇠뜨기는 농부에겐 아주 성가신 풀이란다. 어머닌 너를 뽑아내며 말씀하셨어, '애들아, 저녁 꾼 간다. 빨리들 나와' 한다고, 저녁 꾼이 뭐냐고 물으니

"아낙네가 풀을 메다 해가 저물어 저녁밥을 지으러 일어서면, 땅속에서 쇠뜨기들이 주고받는 얘기란다. 그만큼 쇠뜨기는 뽑고 돌아서면 바로 고개를 내민다는 말이지."

재밌다. 우리의 속담이나 관용어들은 어찌 그리도 운치 있고 재치가 넘치는지….

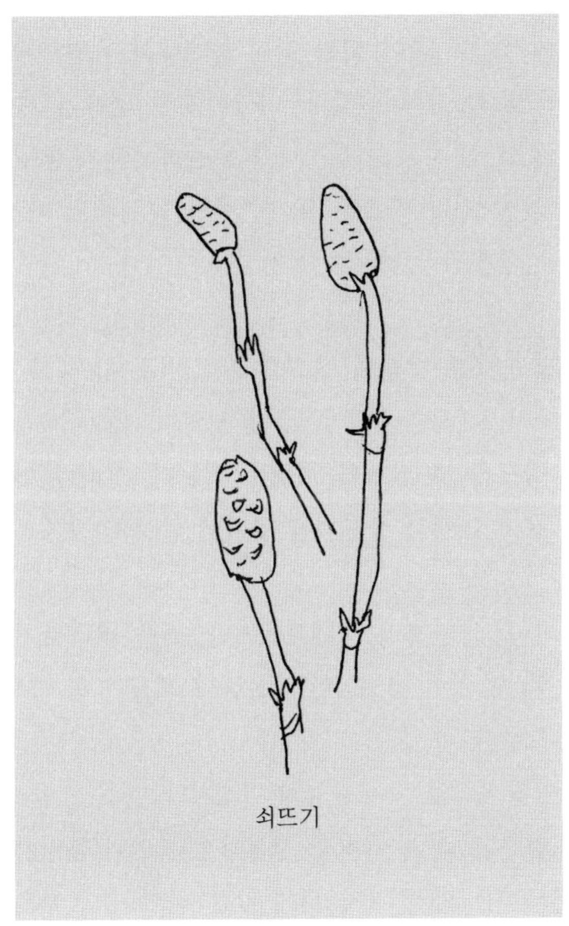

쇠뜨기

12. 살구꽃

애기똥풀 꽃이 피는 집엔 동네에서 유일하게 살구나무가 한 그루 있었다. 이상야릇한 냄새가 나던 그 집 뜰엔 봄이 오면 살구나무가 동화처럼 꽃을 피운다. 그 앞을 지나 학교를 오가던 아이들에게도 아지랑이 같은 향수의 꽃나무로 심어졌을 것이다.

몇 년 전 텃밭에 살구나무를 비롯해, 매화, 자두, 복숭아, 보리수 묘목을 사다 심었다. 봄이 되면 예쁘게 꽃도 피고 달콤한 열매도 맺는다. 그러나 어린 날 그 집 울안에서 몽롱하게 빛나던 살구꽃 감동은 아니다.

아니, 살구꽃은 그대로겠지만, 꽃을 바라보기만 해도 알 수 없이 설레었던 감정들이 세월과 함께 퇴색해졌나 보다.

어쩔 수 없는 세월의 때이겠지만 때로는 안타까움이 인다. 그러나 아직도 생생하게 각인된(봄비가 내린 후였는지) 까만 가지 위에 앉은 하얀 살구꽃은 지금도 안개처럼 맴돈다.

13. 하얀 꽃다발 조팝

조팝

우리가 어릴 땐 싸리 꽃이라 불렀다. 뒷산 아래 산자락을 따라 기다란 우리 밭이 있다. 그 밭둑엔 봄이면 야들야들 연둣빛 싸리 순이 올라온다.

가을엔 그 가지를 잘라 마당비나 바지게를 만들고, 봄에는 어린순을 나물로 먹었다. 나는 나물 뜯는 솜씨가 없었다. 사촌들과 나물을 뜯으러 가도 내 바구니는 절반도 안 차고 깨끗하지도 않았다.

그러나 집 뒤 밭둑에 다복이 올라온 싸리 순은 누구랑 경쟁할 것도 없고, 그냥 손으로 꺾기만 하면 됐다. 크게 다듬을 것도 없이 데쳐낸 나물은 간장과 깨소금으로 묻혀 밥상에 올라온다. 난 그 맛을 좋아했다. 그래도 그 순들은 다시 자라서 4월이면 가지마다 하얀 꽃 방망이를 만든다.

새하얀 꽃다발을 한 아름 안고 학교 가는 발걸음은 얼마나 행복했던지…. 코끝에선 향긋한 꿀 냄새가 났다.

14. 개나리

봄이면 우리 집 서쪽 돌담에도 노란 개나리가 흐드러 진다.

별을 닮은 샛노란 통꽃이 떨어져 바닥에도 별 바다를 이룬다.

쭉쭉 뻗어 올라간 가지들은 척척 늘어져 담장을 훌쩍 넘고, 돌담은 온데간데 없어진다.

요즘처럼 짤막하게 다듬어진 울타리가 아니고, 거름이 좋아서인지 그때처럼 그렇게 탐스럽고 키가 큰 개나리를 보지 못했다.

집이 헐리면서 개나리 돌담이 사라진 후, 그 싱그럽던 개나리 향을 가까이서 맡아 볼 기회가 없었다. 어쩌면 그러한 여유와 감성을 잃었을지도 모른다.

지금 개나리가 활짝 핀 가로수 길을 달리며, 그때의 풋풋했던 개나리 영상과 함께 설레던 봄의 냄새가 나는 듯하여 심호흡을 해본다.

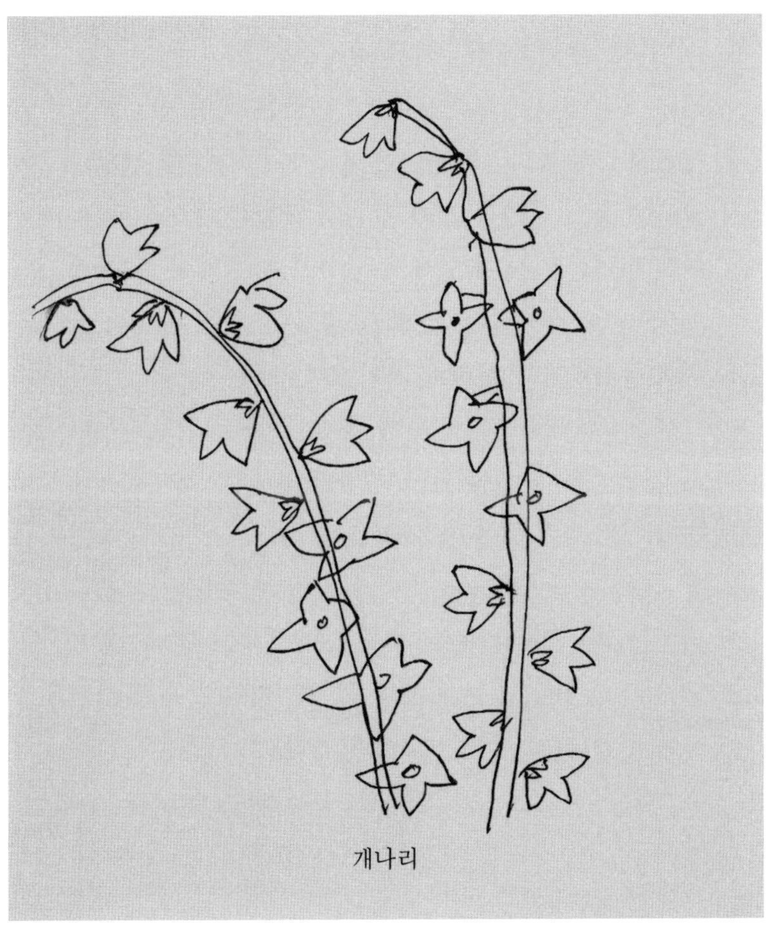

개나리

15. 개복숭아 꽃

집 뒤 밭 자락에 봄이면 개복숭아 꽃이 핀다. 우리 집에 복숭아나무가 있고 꽃이 핀다는 사실 만으로도 뿌듯하고 좋았다. 내가 꽃을 좋아하고 들꽃에 관심이 많은 이유도 자란 환경과 무관하지 않다. 농사일에 바쁘신 어머니는 낮엔 들에서 일하시고, 달빛이 있는 밤엔 꽃밭을 가꾸셨다. 문밖을 나가면 온통 들꽃이요, 집에 들어오면 꽃향기로 가득했다.

어느 날, 식구 중에 누가 아팠는지, 동티를 잡는다고 건넛마을 절에서 보살이 왔다. 보살은 아버지에게 동쪽으로 뻗은 복숭아 가지를 잘라오라고 했다. 동티를 잡았는지는 어려서 기억에 없지만, 복숭아의 붉은색 가지가 악귀를 쫓는 도구로 쓰인다고 한다. 붉은 팥 역시 잡귀를 쫓는데 쓰였다는데, 이와 같은 무속신앙은 이제 우리 곁에서 멀어져 간다.

–동생들과 꽃놀이를 했던 밭 자락 개복숭아 꽃을 그리며–

16. 토끼풀(클로버)

토끼풀

토끼가 좋아하는 풀이지만, 나도 토끼풀을 좋아했다. 왠지 깨끗해 보이고, 다른 잡초와 섞이지 않아 선택된 자리요, 푹신하고 예쁜 꽃이 핀 우리들만의 양탄자였다.

여고시절 뒤 운동장 풀밭에서 재은이는 행운의 네 잎 클로버를 잘도 찾는다. 찾지 못하는 내게 선물로 준다. 나를 좋아하던 선배도 내게 네 잎 클로버를 찾아준다. 그 클로버들이 어느 날 우연히 퇴색한 책장을 넘길 때 얌전히도 그 자리서 나를 반긴다. 추억의 향내가 난다.

꽃 시계를 차고 잠든 아이의 손목에서 토끼풀 꽃은 살그머니 떨어져 나간다. 그 꽃은 이미 할 일을 다 했고, 잠에서 깨어난 아이도 이제 꽃 시계를 더 이상 찾지 않는다.

시계풀꽃은 내일 또 내일, 새로운 주인의 손목에 채워질 것이며, 아이는 그만이 간직할 꽃시계 이야기를 만들 것이다.

17. 낮 꿈같은 자운영

자운영 피던 논은 집에서 멀리 떨어져 있었다. 지금 보면 바로 아랫마을 건너편인데, 그때는 아직 어려서인지 너무 멀어 혼자는 갈 엄두도 못 내던 곳이다.

언젠가 논에 참을 내 가시는 어머니를 따라 그곳엘 갔다. 할아버지도 계시고 많은 일꾼들이 일을 하고 있었다.

한쪽 논에선 모를 뜨고, 한쪽에선 논을 갈고, 갈아엎은 논은 썰고 있다. 아직 갈지 않은 논에는 자주색 꽃이 가득 피어 있다.

아, 이런 논이 있다니! 꽃이 가득한 논이라니! 저 이쁜 꽃들은 대체 무슨 꽃일까? 소가 끄는 쟁기 아래 꽃들이 속수무책으로 묻힌다. 안타까웠다.

그 이후로는 자운영이 폈던 그 논에 가 본 기억이 없다. 몇 년 뒤 그 곳엘 다시 가게 되었는데, 이제 자운영은 보이질 않았다. '거름으로 쓰였던 자운영 재배 대신에 아마도 비료를 사용하지 않았을까?' 짐작해 본다.

언뜻 보았던 어린 날 자운영의 잔상은 잠깐 졸다 꾸었던 낮 꿈처럼 몽롱하고 아련하다.

18. 오이풀꽃

오이 냄새가 난다 하여 오이풀이다. 나는 주로 사촌들과 어울렸는데, 큰집 오고 가는 길가 밭둑 아래 오이풀이 자란다. 그 더운 여름에도 우리는 오이풀잎 한 가지씩 꺾어 손으로 훑어 내리며 '오이 나라, 차미(참외) 나라, 오이 나라 차미 나라.' 반복하여 문지르면 오이 냄새가 향긋이 일어난다.

이마의 땀방울과 함께 오이와 참외는 잘도 익어간다. 우리의 빠짐없는 놀이다.

이렇듯 자연은 친구가 되어주고, 놀이 감이 되어주고, 이 놀이 역시 다음 동생들에게 이어져 갔다.

나중에 오이풀꽃이나 열매는 그림 소재로도 아주 훌륭했는데, 쭉쭉 벋은 가는 가지 끝에 매달린 멋쟁이 자주색 방울이 오이풀꽃이라는 것도 그제야 알았다.

19. 매력의 엉겅퀴

참으로 매혹적인 꽃이다. 사방으로 번친 가시 잎사귀는 호위무사인 양, 아름다운 왕관을 쓴 가시 돋친 공주를 위하여 위풍당당하다.

비 갠 오후 온통 녹음이 가득할 때 해 질 녘의 자줏빛 엉겅퀴는 찬란하다. 너의 가시는 지독하구나. 무슨 사연으로 이렇게 험한 가시를 품게 되었니? 그래서 더욱 매력적인 엉겅퀴를 좋아하게 되었다.

엉겅퀴

20. 개망초와 그 어린순

선장초등학교에 갔더니 그곳 아이들은 달걀 프라이를 해놓은 것 같은 개망초를 계란 꽃이라 불렀다. 어디서라도 하얗게 핀 개망초 언덕은 늘 가슴을 설레게 한다.

장맛비가 그친 오후, 개망초꽃 한 아름 안고 누군가 산모퉁이를 돌아 나타날 것만 같던 임의 꽃다발, 개망초의 환상….

초여름을 하얗게 꾸미는 개망초만 알았지 개망초의 뿌리 잎은 글을 쓰면서 겨우 알았다.

길가에 늦은 여름부터 싱싱하게 윤이 나며 파랗게 자라는 그 풀을 볼 때마다 '저 풀은 도대체 무슨 풀일까?' 배추국화잎을 닮았는데 꽃이 피는 것은 보지 못했고, 도감에서도 찾지 못해, 늘 혼자서 궁금해했다.

중앙대 안성캠퍼스에서 산책을 하며, 처음 보는 식물과 함께 그 의문의 풀을 사진 찍어 인터넷을 잘 아는 후배 정선에게 보냈다. 요즘엔 사진만 있으면 어떤 식물인지 금방 알 수 있다는 얘길 들었기 때문이다. 금방 개망초와 계요등이라고 답이 왔는데, 계요등(鷄

尿藤)은 확실했다. 냄새가 그랬으니까. 그러나 개망초라니 내가 개망초를 모르는 것도 아니고, 혹시나 하여 그 풀 근방에 아직 개망초꽃이라도 남아 있나 찾아보았지만, 시들은 꽃대 하나 볼 수가 없었다.

어쨌든 인터넷을 의심하고, 용감하게도 정선에게 개망초가 아니라고 답을 보냈다.

그 후, 개망초가 해넘이 한해살이(두해살이)라는 것을 알게 되었고, '아! 그렇다면 6월에 피었던 꽃의 씨앗이 떨어져 벌써 저렇게 싹이 자란 거구나. 그래, 개망초도 꽃이 피면 뿌리 잎이 사라진다니 개망초가 맞나 보다. 가을 철 개망초의 어린 순이 저랬구나. 저 풀이 겨울을 넘기고 봄에 파랗게 올라오는구나. 그래서 두해를 걸친 해넘이 한해살이라고 하는구나.

이것저것 조합해서 겨우 의문이 풀리는데, 오늘 확실하게 개망초 꽃이 핀 그 풀을 보았다. 새로 난 싹에서 꽃대가 올라와 막 꽃이 피기 시작하는데, 아직 남아있는 뿌리 잎과 밑줄기의 잎이 바로 그 풀이었다. 그것이 9월 하순쯤이다.

흔하고도 흔한 개망초 순도 모르며 꽃 이야기를 쓴다니 웃을 일이지만, 그래도 이렇게 늦게나마 모르던 것을 알아가고, 식물학 전공도 아니니 조금 봐줄 수 있지 않은가?

개망초

21. 눈에 띈 꽃마리

야생화에 심취하여 식물도감을 틈나는 대로 뒤질 때 꽃밭 가장자리에 피어 있는 꽃마리를 발견했다. 놀라움에 아래 잎을 살펴보니 나물을 캐던 어린 날, 들에서 많이 보았던 풀이다. 병따개나물이라 불렀던가?

줄기가 있는 잡초는 대부분 뿌리 잎과 모양이 같지 않은 줄기잎으로 성장하기도 하고, 꽃이 피면서 뿌리 잎이 아예 없어지는 것도 있기 때문에 꾸준히 관찰하지 않으면 같은 풀로 알아보기가 쉽지 않다.

그러므로 어릴 때 뜯던 나물이라도 꽃이 폈을 때는 어느 나물의 꽃인지 알 수 없을 때가 많다. 그래서 식물을 제대로 알려면 잎, 줄기, 뿌리, 꽃을 계절별로 모두 관찰해야 한다고 한다.

꽃마리! 꽃이 너무나 귀엽고 앙증맞다.

그 작은 다섯 갈래 하늘빛 꽃송이 안으로 노란색도 들어있다.

파르스름 층층이 피어나는 너의 놀라운 모습은 눈에 띌까 말까 하는구나!

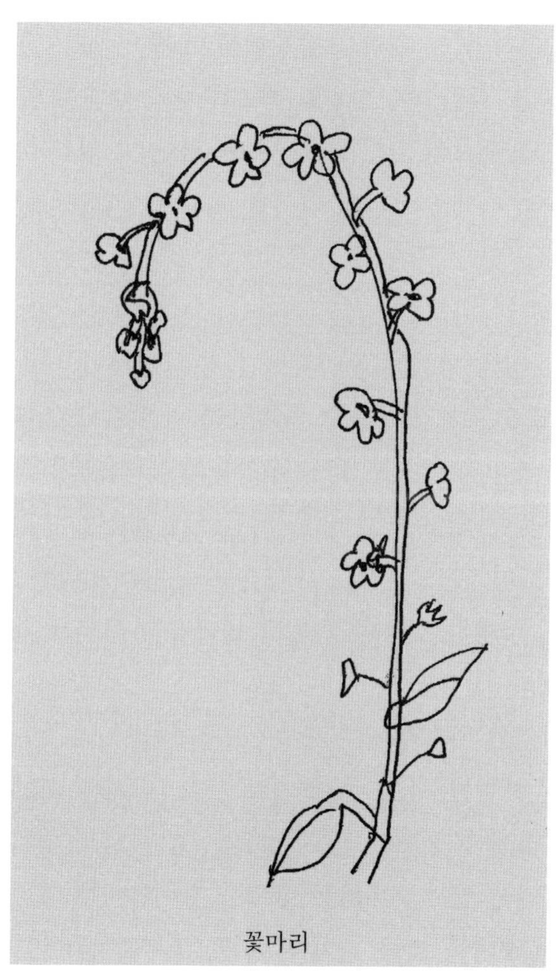

꽃마리

22. 추억의 은행나무

오리가 넘는 천안 초등학교를 오가며, 노란 은행잎을 줍고, 책갈피에 끼우던 행복한 때가 내게도 있었다.

지금 생각해 보면 은행나무가 있던 그 집은 아마도 일본인 관사가 아니면 일본인 부자가 살았던 집이 아니었나 싶다. 전통 한옥은 아니었고, 집 분위기가 그랬다.

그 집엔 학화 호두과자로 유명한 할머니가 살았는데, 남편은 안경을 쓰고 하이칼라 머리에 당꼬 바지를 입은 멋진 차림으로 가끔 우리들 눈에 띄었다.

대문이 없었던 그 집은 정원이 넓었으며, 은밀하고 깊숙하여 지붕의 반은 나무숲으로 가려져 멀찍이 보였다. 다행히도 정원을 통해 들어가는 입구가 개방되어 있다.

입구엔 커다란 은행나무 2그루가 있고, 그 아래 몇 개의 반듯한 사각 돌 벤치가 있다. 언제나 회양목이 반듯하게 다듬어져 있던 정원은 길가 바로 옆이라서 하굣길에 잠시 쉬어가는 우리들 간이역이다.

돌 벤치에 앉아 숙제도 하고, 고무줄놀이도 하고, 특히 가을이면 노랗게 떨어진 은행잎에 묻혀 어린 소녀들의 꿈을 키우던 그곳, 그러나 지금은 개발이 되어 흔적도 없다.

아, 그러고 보니 터미널 위쪽 학화 호두과자 건물이 옛날 그 집 터 부근쯤 되는구나!

남식이 미국으로 떠난 뒤 20여 년이 흘러 그 집 앞을 지나게 되었다. 학교 졸업 후 자주 들렀던 친구 집이다. 지금은 남식이의 오빠네가 살고 있지만 여전히 많은 꽃들과 텃밭의 커다란 은행나무 2그루가 나를 알아보듯 반긴다.

미국으로 떠날 때 남식이와 내가 큰 시장에 가서 은행나무 묘목을 사다 기념 식수를 한 것이다. 남식이 남편 이름이 '은행'이어서 기념 식수에 특별한 의미를 부여한 것이다. 은행나무는 암컷과 수컷이 함께 있어야 열매를 맺는다기에 나무모양을 그렇게 골랐다. 가지가 옆으로 번은 것(암컷)과 위로 번은 것(수컷)으로, 그 선택이 맞아떨어졌는지 확인은 안 해보았지만, 길을 가다가 위로 번은 나무에도 은행이 열린 것을 보며 미소를 짓는다.

언제나 예쁜 꽃이 가득 피어 산에 오르는 이들을 기쁘게 해 주었던 남식 어머니도 잊을 수 없다. 남식은 엄마를 닮아 미국에서도 꽃을 잘 가꾸고 있단다.

23. 박태기 꽃

우리는 밥풀 꽃이라 불렀다. 봄이 오면 마른 나뭇가지에 밥풀 같은 분홍 꽃들이 다닥다닥 피어난다.

장독대 옆에 자란 밥풀 나무는 봄의 전령사 같았다. 장독대에선 장이 익어가고, 장 익는 짭짤하고 달콤한 냄새와 박태기 꽃은 불가분 관계였다.

진분홍 밥풀 꽃이 밥이 되어 소꿉장 사금파리에 소복이 쌓일 때, 사촌 윤숙과 거울 소꿉장을 서로 가지려고 싸운 일이 딱 한 번 있는 것 같다.

네다섯 살 때쯤? 한 번도 싸운 일이 없었다던 우리도 거울 조각엔 양보를 안 했나 보다. 내가 기억하는 욕심의 시작이요, 힘겨루기의 시작일 것이다. 어쩌면 인간에게 잠재하는 탐진치의 싹이라 하겠다.

강자와 약자, 강국과 약국, 강국과 강국 사이 기술 전쟁이든, 무역 전쟁이든, 핵 전쟁이든 전쟁은 어디서고 끊임없이 일어나고 있다. 아마도 이 쟁탈전은 영원할 것이다. 인류의 DNA가 바뀌지 않는 한…….

하지만 선각자들은 그렇지 않은 세상이 우주 어딘가에 꼭 존재할 거라 말씀하신다.

24. 가을 산 마타리(패장)

가을 산을 헤맬 때 마타리를 만난다. 패장이라는 생약 이름을 가졌는데 뿌리에서 장(豆醬) 썩는 냄새가 난다 하여 붙여진 약초라고 한다.

마타리! 우산처럼 펼쳐진 노란색 작은 꽃들, 독특한 꽃 냄새가 이름처럼 이국적이다. 가을 동산은 마타리 향기로 가득하다.

열매들이 빨갛게 익어가고, 노란 마타리가 피어있는 가을 동산은 봄 동산과 달리 공기의 느낌이 다르다.

그 기운은 왠지 쓸쓸하여 이유 없는 서글픔이 인다. 빨리 집으로 돌아가고 싶어진다.

붉게 물든 진달래 잎에선 아릿한 내음이 가슴을 때리고, 마타리, 들국화, 산부추 등 한 아름 품에 안긴 꽃다발에선 스산하고 낯선 바람이 인다.

마을에 하얀 저녁연기가 깔리기 전에 우리는 집으로 돌아가야 했다. 노을과 함께 둥지를 찾아가는 새들처럼,

25. 억새꽃

가을을 그리는 꽃, 기다림이 숨은 꽃, 시린 가슴을 더욱 아리게 하는 꽃, 들에 나부끼는 가을을 집안으로 들여온다.

일봉 초등학교에 근무할 때다. 한 아름 억새꽃을 꺾어다 항아리에 꽂았다.

혼자서 자취를 하였는데, 겨울밤 전기가 나갔다. 하얗게 핀 억새꽃 화병 아래서 촛대에 불을 붙이는 순간, 억새꽃은 빨간 불꽃으로 변했다. 뒤에 있던 커튼에도 불이 붙었다.

갑자기 밖이 환해지자 안집 호성이 엄마가 놀라서 뛰쳐나왔다. 둘이서 정신없이 불을 끄고 나니 팔다리가 휘청댄다.

억새꽃의 포근함이 순식간에 화마로 변하다니..., 가만히 들여다보면 원인 없는 결과는 없다.

억새

26. 저수지 둑에 핀 패랭이

‘왜 너의 자리가 들이나 야산이니? 넌 충분히 여느 집 꽃밭에 피어도 빠지지 않을 텐데.....’

더운 여름 저수지에서 멱을 감고, 높다란 제방 밑으로 내려가 방아깨비를 잡을 때 네가 우릴 반겼어.

밝은 핑크빛을 띠고 활짝 웃는 너는 어느덧 우리의 작은 손안에 들어와 잠깐의 기쁨을 주었단다.

꼬맹이들은 다시 물로 뛰어들고, 돌 위에 올려 진 너는 따가운 햇볕에 시들어 가거나, 어느 날은 무사히 꽃병에 꽂히기도 했지.

그땐 네가 아플 거라는 생각도 없을 때였어….

27. 땅비싸리와 방학숙제

저수지 둑에는 갈퀴나물 꽃, 패랭이와 함께 아카시아 꽃처럼 생긴 분홍색 땅비싸리 꽃이 아주 많이 피었다. 땅비싸리라는 이름은 식물도감에서 알았고, 그때의 우리는 그냥 분홍 싸리꽃이라 불렀다.

무심히 땅비싸리가 여름방학 때쯤 피는 것으로 기억했는데, 개화기가 5, 6월이니 웬일인지 착각하고 있었나 보다. 초등학교 때 야산으로 봄 소풍을 갈 때면 그 꽃이 피어 있는 것을 보았다. 우리 무릎 정도 오는 크기에 분홍 꽃을 피우는 그 풀 같은 나무는 잎도 아카시아나 싸리를 닮았다. 그 분홍색 땅비싸리 꽃이 한창 일 때면 햇볕도 따가워진다.

지금도 땅비싸리 꽃을 만나면 제방 둑 꽃밭이 생각나고, 여름방학이 끝날 무렵 방학숙제를 다 못한 불안감이 함께 따라붙어 미소를 짓는다.

땅비싸리가 여름방학 때 피는 꽃도 아닌데, 왜 방학숙제를 다 못한 불안감이 연상되는지, 아마도 저수지 둑의 꽃들이 여름방학 놀던 때와 교차되어 그런가 보다.

우리는 봄부터 제방 둑을 오르내리며 풀꽃을 꺾고 나물을 캤다. 또, 여름방학이 끝날 때까지 저수지에서 물놀이를 하거나, 풀 섶을 헤치며 방학숙제인 식물채집과 곤충채집을 하였다.

이렇게 더위와 함께 익어 갔던 땅비싸리 핀 풀꽃 추억은 저수지 둑을 무대로 했던 우리 동네 아이들 가슴에도 소롯이 피어날 것이다.

28. 달라진 꽃 무대

얼마 전, 올케와 그 저수지(천호지)의 둘레길을 걷게 되었다. 그러나 어린 시절 우리가 놀던 무대는 아니다.

제방 둑 양쪽으론 장미와 개나리가 무성하고, 울타리가 쳐진 경사면에는 땅비싸리도 패랭이도 제비쑥도 보이지 않았다.

패랭이, 제비쑥은 어디 갔을까? 지금은 노란 달맞이꽃이 가득 피어있고, 억새와 개가죽 나무가 자라고 있었다.

물 가운데 분수에선 하얀 포말을 내품고, 물가엔 만발했던 연꽃이 하나 둘 지고 있다.

요즘엔 어딜 가나 저수지에 둘레길이 나 있고, 좋아진 환경에 개발된 풍광이다. 그런데도 가슴 한구석 허전함은 무엇일까?

1960년대 초등학교 시절, 여름방학이면 학교에서 동네별로 조장을 정해주어 아침 일찍 재건체조와 봉사활동을 하게 했다.

샛별이 아직 반짝일 때, 우리는 동녘의 핑크빛 노을을 바라보며 저수지의 긴 둑을 희망처럼 달렸다.

아침 체조를 하던 동네 아이들의 힘찬 구령 소리가 아직도 귓가에 쟁쟁한데, 세월은 머무르지 않는다.

오늘 나의 모습도 그렇고, 강산이 변했어도 몇 번은 변했을 세월이니, 땅비싸리, 패랭이인들 의구할까?

그 시절엔 제방의 이쪽 끝에서 저쪽 끝 수문까지 가는 것도 두려워했는데, 오늘은 너무나 잘 닦인 둘레길을 걸어서 저수지 한 바퀴를 돌았다.

29. 수줍은 주름 잎

식물도감을 보고 익힌 지식들을 반 학생들에게 전해주고 싶었다. 요즘 친구들이 주변 식물에 너무 관심이 없는 것도 안타깝고, 봄 햇살도 좋아 아이들을 밖으로 데리고 나왔다. 학교 꽃밭 주변이나 울타리 주변에 모르는 잡초들을 뽑거나 잘라오면 이름을 가르쳐주겠다고 했다.

1학년 아이들은 신나라 여기저기 꽃이나 풀을 뜯어 왔다. 그런데 어느 여학생이 가져온 한 식물 앞에서 나는 아연했다. 내가 처음 보는 꽃이다. 그 꽃은 가져온 아이처럼 수줍고 조용했다. 연보라에 꽃 속은 흰빛, 강낭콩 꽃처럼 생겼는데 아주 작았다.

"이 꽃 어디서 났니?"

"여기요."

디딤돌 사이에서 옆으로 누어 핀 아주 작은 그 꽃을 찾아낸다.

"그렇구나, 어떻게 이 꽃을 발견했을까? 선생님도 첨 보는 꽃이야. 너의 관찰력이 대단하구나. 선생님이 어떤 식물인지 찾아보고 이름을 알려줄게."

하고는 그해가 갔다.

그 친구는 기억을 하는지 잊었는지 묻지를 않았다.

지금 애석하게도 그 학생 이름이 확실치가 않다. '소원' 이 같기도 하고,

학년을 마치도록 그 식물 이름을 찾지 못했는데, 몇 년 후 줄기가 땅에 누워 가지가 뻗는 풀로 '주름잎' 이라는 것을 도감에서 찾아냈다.

그 꽃이 어쩌다 눈에 뜨일 때면 반갑다가도 그때 그 여학생 생각이 난다. 동덕 초등학교 1학년 조용하고 수줍던 예쁜 아이- 지금도 미안하구나.

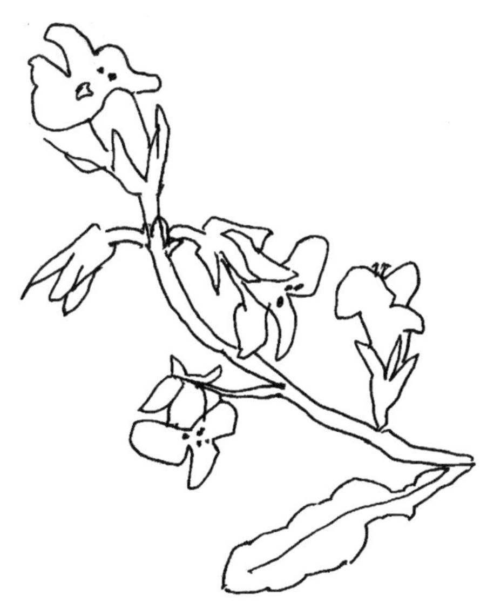

누운주름잎

30. 모란

부귀영화 상징의 꽃이다. 집안에 모란꽃 1점 정도 걸어두고 싶어 하는 꽃이다. 기품이 넘치고 풍려하며, 복스러운 꽃으로 꽃 중의 꽃이라 불렸다. 예로부터 신부의 혼례복 원삼, 활옷에 모란꽃 수를 놓아 부와 귀를 가져오는 길한 꽃으로 대우를 받아왔단다.

선장 초등학교 학선 분교장의 뒤뜰에 탐스럽게 피던 모란 꽃밭이 사라졌다니 내내 아쉽다. 몇 십 년은 되었는지 묵은 가지에서 5월이면 적색과 백색의 소담한 꽃이 함빡 피어 나를 놀라게 하고 감격해 했다. 5월 학교 행사 준비와 함께 일에 치여 머리를 식혀야 할 때면 모란 꽃밭을 찾았고, 그때 제대로 모란의 향기도 알았다. 몇 십 그루는 됐었는데....

그때의 모란을 잊을 수 없어 천동초등학교에 와서는 급식실 옆 꽃밭에 모란 묘목 5그루를 사다 심었다. 봄에 꽃이 피니 짙은 자주색이었지만, 지피식물인 핑크빛 꽃잔디와 어우러져 봄의 향연처럼 기쁨을 주었다.

어쩌면 나 혼자 흡족했을지도 모른다. 졸업한 아이들도 그 꽃밭을 기억하고 있을까?

꽃 하면 역시 개량종인 겹꽃보다는 원래의 홑꽃잎이 진짜 같다. 개인적인 생각이지만, 모란도 홑꽃이 아름다운 것처럼, 홑꽃은 단아미, 간결미, 순수미, 절제미, 원색미를 갖추었다. 홑꽃은 꽃 속의 신비하고 영롱한 꽃술과 어울려 완벽한 조화를 돋보이게 한다.

무궁화, 동백, 모란, 벚꽃, 채송화, 양귀비, 프리지어 등이 그렇잖은가?

꽃과 음악은 서로 매치되어 삶에 샾을 붙게 한다.

눈부시게 백목련이 우아하게 필 때면 '목련화' 가 절로 나오고, 출근길, 영산홍 탐스러운 거리를 달릴 때면 베토벤의 '영웅' 이 감사한 아침을 열었다.

모란꽃 피는 5월이면 '또 한 송이 나의 모란' 을 따라 부르고, 해바라기 핀 여름에는 차창을 열어 파바로티를 맘껏 틀었다. 하얀 새털구름이 깔려있는 가을엔 '들국화' 를 목청껏 불렀고, 눈꽃이 하얗게 내린 겨울엔 슈베르트의 겨울 나그네가 심금을 울렸다.

꽃과 음악은 계절을 심장으로 느끼게 하고, 하루를 풍요롭게 한다.

31. 아버지의 꽃밭

아버지의 꽃밭은 아름답다.

끝없이 넓고도 커다란 꽃밭이다.

아버지의 꽃밭에선 언제나 사랑의 노랫소리가 들린다.

피고 지는 꽃들의 합창과 땀방울로 익어가는 열매들의 고운 빛깔은 아버지의 흥겨운 노랫소리와 함께 행복한 화음을 이룬다.

아버지의 꽃밭에선 토마토의 노란 별꽃이 벌어지고, 오이, 참외, 수박의 샛노란 암꽃들은 앙증맞은 열매를 달고 피어난다. 가지의 보라 꽃과 감자의 하얀, 보라 꽃도 별 같은 토마토 꽃을 닮았고, 마타리를 닮은 하얀 꽃이 피는 당근 꽃밭에선 묘한 향기를 풍겼다. 연분홍 꿀 꽃이 가득한 참깨 꽃밭이나 도라지 꽃밭도 좋았다. 장다리 꽃밭엔 유난히 벌, 나비가 나풀거린다.

아버지의 정성만큼, 갈라진 손끝만큼, 기쁨의 노랫소리만큼이나 아버지 꽃밭에선 저마다 탐스러운 황금의 열매를 맺고, 꽃들이 피고 진다.

우리는 여름내 아버지 꽃밭을 들락거리며 꽃에는 관심이 없었고, 맛있는 열매를 따먹는데 더 열중했다.

언제나 노래와 함께 하셨던 아버지 꽃밭 덕분에 칠 남매는 무사히 공부를 마쳤고, 아마도 부모님의 기대에 어긋나지 않을 만큼 성장한 것 같다. 왜냐면 아버지께서는 늘 행복해하시고 만족해하셨으니....

아버지 꽃밭이 그렇게 소중하고 아름다웠던 것을 깨달았을 때, 아버지의 힘차고 신명 나던 노랫소리가 내 안 깊은 곳에서 울려왔다.

32. 아이들꽃, 메꽃(강아지 꽃)

도랑둑에 핀 꽃, 꽃잎이 보드라운 분홍색 메꽃과 놀았다. 나팔꽃과 흡사하지만 메꽃에는 언제나 아주 작은 개미들이 들락거린다.

우리는 강아지 꽃이라 불렀고, 꽃 한 송이씩 들고는 아랫입술을 안으로 말아 혀를 구부려 차면서 '애여 애여' 강아지 부르듯 개미를 부른다. 작은 개미들은 소리를 듣는지 언제나 꽃 속에서 나온다. 그 많은 꽃들 중에 유일하게 개미들이 나왔던 강아지 꽃이다.

메의 뿌리는 고소하고 단맛이 나서 아직 꽃이 피지 않았을 때는 하얀 메 뿌리를 캐먹었다. 그러다가 큰 개미가 지나가면 개미를 잡아 꽁무니를 빨아 본다. 새콤하다. 중학교에 들어가니 개미산이라 배웠다.

지금도 메꽃을 만나면 작은 개미가 연상되고, 개미산이 생각나고, 따가운 봄볕에 앉아 메 뿌리를 캐는 그을린 어린 계집애들의 재잘거림이 보인다.

그러나 긴 세월이 흐른 지금 메꽃을 입에 대고 개미를 불러본 적도 없고, 개미를 잡아 꽁무니를 빨아본 적도 없다. 그런 놀이를 아이들에게 가르쳐주지도 못했지만, 아이들 관심거리나 놀잇감은 얼마든지 풍부하여 자연하고 친해질 시간을 갖지 못한다. 흙과도 점

점 멀어지는 젊은 엄마들은 아이에게 개미산을 맛보게 하기보다는 먼저 감염의 위험이나 병균의 침입을 가르칠지 모른다.

메꽃

33. 다시 못 본 제비쑥

봄부터 우리들의 신나는 놀이터가 되었던 저수지 둑은 갖가지 풀꽃들로 가득했다. 그중에 솜털처럼 부드러운 풀이 제비쑥이다. 잎은 갈래갈래 갈라져 있고, 백록색을 띠며, 뽀얀 머리털처럼 다복이 자란 풀, 쑥향이 나는 듯한 그 풀을 우리는 제비쑥이라고 불렀다. 사실 그 이후로는 본 적이 없고, 정확한 이름이 제비쑥인지도 알 수 없다. 인터넷이나 도감에서도 제비쑥을 찾아봐도 내가 어릴 때 보았던 모습과 같지는 않다.

뒹구는 우리들 코끝에서 싱그런 냄새와 부드럽게 스쳤던 풀들! 제비쑥, 차풀, 빈대풀, 자귀풀, 갈퀴나물, 잔디, 바랭이, 강아지풀, 패랭이 등등 쿠션이 되어준 여러 친구들 덕분에 동네 아이들은 둑 위에서 경사진 아래로, 아래로 가로누워 사정없이 뒹굴었다. 까맣게 그을린 꼬마들 옷에는 지워지지 않는 풀꽃 무늬가 그려진다.

뒹굴다 지치면 아이들은 둑 위로 올라가 일제히 허리를 굽혀 다리 사이로 하늘을 본다. 파란 하늘엔 뭉게구름이 흐르고, 어느 날엔 빨간 노을이 그들의 거꾸로 본 세상에 꿈의 수를 놓았다.

34. 무꽃

나비 같은 무꽃, 무에 공이 올라 꽃이 피면 무는 맛을 잃는다. 자연도 각자의 역할이 끝나면 돌아가게 돼 있다. 가냘픈 꽃들은 층층이 씨앗을 맺어 다음 생을 준비한다. 무 꽃밭의 따가운 봄볕은 나비 쫓는 어린아이를 무씨처럼 까맣게 여물게 한다.

35. 배추꽃

봄의 색이다. 엄마의 노랑 저고리 같은 배추꽃이다. 배추밭엔 흰나비, 노랑나비들이 나풀거린다. 꽃과 나비의 천국이다.

봄에 흰나비를 먼저 보면 복을 잃는다고 아이들은 노랑나비 먼저 보기를 원했다. 나도 그랬다. 다행히도 해마다 노랑나비를 먼저 보았는지 내가 60이 넘어서 부모님은 떠나셨다.

새하얀 동정에 샛노란 호박단 저고리 입으신 어머니의 옛 모습은 배추꽃을 닮았다.

36. 파 꽃

파 꽃은 멋진 배흘림기둥 위에 빛나는 화관을 얹고 벌들을 부른다. 신전의 기둥처럼 쭉쭉 뻗은 모습이 아름답다.

파밭에선 아이들이 고무신을 벗어 벌들을 낚아챈다. 살금살금 나도 따라 해봤다. 그래도 벌에 쏘인 기억은 없으니 어리다고 봐 주었나 보다.

얼마 전, 신안 앞바다 비금도에 갔더니 양파가 지천이었다. 올해는 양파, 마늘이 대풍이라 농부들이 울상이란다. 아직 캐지 않은 양파 꽃대가 예술처럼 몸매를 뽐내고 있다. 주인의 타는 속과는 관계없다는 듯-

어쩌면 좋을꼬- 농부의 딸이라 그런지 마음이 아리다. 섬 안에는 마늘과 양파가 쌓이고 쌓였다.

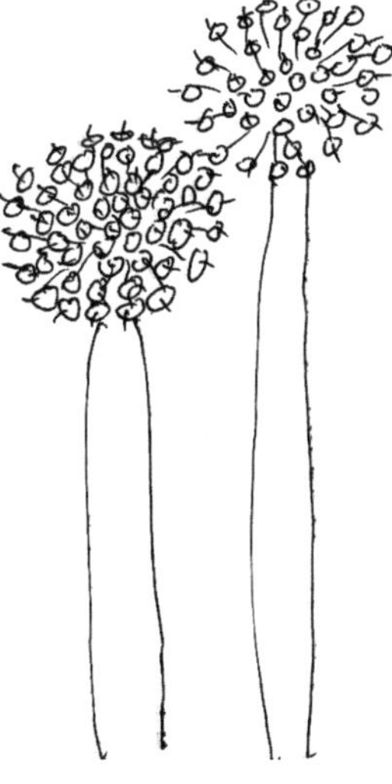

파꽃

37. 아카시아

1980. 5.18. 광주 항쟁이 일어나기 전날, 나는 천안 문화원서 첫 개인전을 열었다.

문화원 둘레에는 막 아카시아가 꽃망울을 터트리는데, 군사독재통치 철폐, 계엄령 철폐 등 민주화 운동이 들끓는다는 소문으로 나라 안이 술렁거렸다.

나는 광주의 유혈사태 폭풍 전야에 분홍빛 한복을 입고 오픈 기념촬영을 하며 아카시아 향기에 취했다.

어디에선 민주 항쟁으로 목숨을 걸고, 언론과 길이 폐쇄되는데, 한쪽에선 편하게 술도 마시고, 잠도 자고, 나처럼 자기 일에 몰두하는 것이 이 작은 공간에서 동시에 일어나고 있다.

우리의 역사 뒤에는 언제나 조국을 위해 흘린 값진 피가 헛되진 않았다. 오늘을 지켜주고 있기 때문이다

38. 호박꽃

뒤뜰 담장엔 호박꽃이 가득하다. 아침 일찍 어머니 하시던 대로 수꽃을 따서 암꽃술 위에 가루를 묻혀준다. 신기하게도 인공수정해 준 호박은 떨어지지 않고 열매를 키워간다. 나의 호기심 놀잇감이 하나 더 생긴 것이다. 내가 수정해준 호박 커가는 모습이 신통하고 자랑스럽다. 그래서인지 큼직하고 넉넉한 호박꽃도 좋았다. 시골에 살던 나는 동생들이 많았지만, 이렇게 자연과 동화되어 혼자 지내는 시간을 즐겼다.

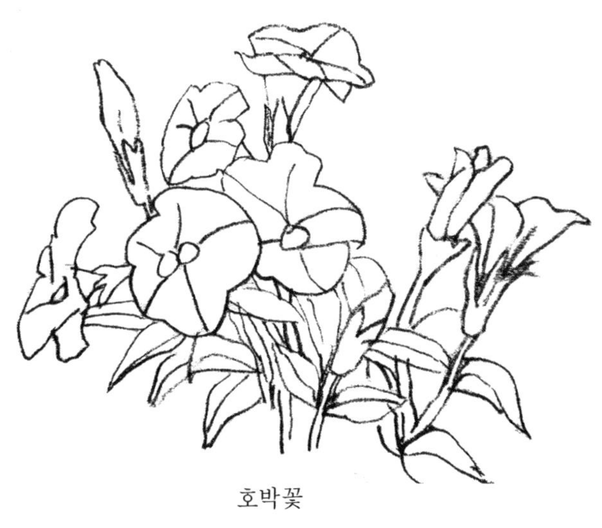

호박꽃

39. 감꽃 목걸이

감나무에 꽃이 피었다. 꽃이 피었나? 잘 살펴봐야 감잎 사이로 연미색의 귀여운 꽃들이 쪼로롱 매달려 있는 것을 볼 수 있다. 도톰한 감꽃이 떨어진다. 족두리 모양 귀여운 모습이다. 조그만 손들이 감꽃을 주워 입안에 넣는다. 달짝지근하고 떫떫한 맛이 은은한 향과 함께 입안에 퍼진다. 어느덧 감꽃은 어린 계집애들의 목걸이로 길게 드리워져 자연의 패션으로 다시 태어난다.

감꽃

40. 명과나무

얼마 전 금광호수 둘레 길을 걷다가 명과나무를 보았다. 우리는 멍개나무라고 불렀는데, 오늘은 전혀 새로운 모습을 보았다. 늦봄부터 뻐꾸기 울 때 산을 헤매며 따먹던 열매라서 둥근 잎만 보았지, 가지 밑으로 덩굴손이 멋지게 끝을 올려 내리뻗어있는 모습은 처음이다.

명과나무에 덩굴손이 있다는 것은 알았지만, 우연히 가지 밑을 올려다보게 되었는데, 덩굴손이 잎겨드랑이마다 쪼르륵 2개씩 아래를 향해 줄을 서고 있었다.

70평생 보아온 나무인데 오늘에서야 이런 모습을 보게 되다니, 자기가 아는 것만 보인다는 말이 실감 난다. 그러니 무엇을 다 안다고 장담할 수 있을까…….

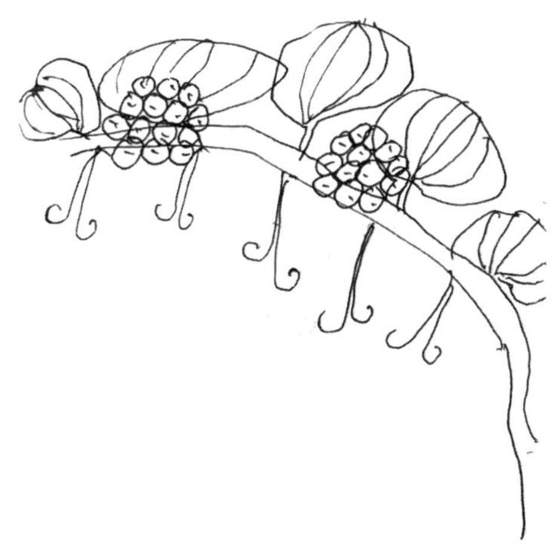

명과나무

41. 족제비싸리(물아카시아)

봄볕이 따사로운 하굣길, 우리는 모여앉아 손톱에 화장을 한다.

큰 길을 두고, 산 아래 논길로 들어서면 도랑을 따라 물아카시아가 모여서 자란다. 매년 그맘때 면 약속이나 한 듯 우리는 그 논길을 택한다. 도랑가에 자란 물아카시아의 새싹이 어른 손가락 크기만큼 올라왔을 때이다. 고사리처럼 올라온 순을 따서 계집애들은 손톱에 분홍색 매니큐어를 바른다. 묘한 냄새가 나지만, 순에서 나오는 끈끈한 액체는 핑크빛 매니큐어가 된다.

이렇게 하굣길은 갖가지 체험의 장이 된다. 자연에서 몸치장, 색감, 디자인도 배워간다. 학교에서 배우는 학습 외에 자연과 더불어 몸으로 익히고, 체험하며, 인지하고, 터득한다.

족제비싸리는 꽃이 족제비를 닮고 역한 냄새가 난다 하여 붙여진 이름이라 하고, 가시는 없지만 아카시아 나무와 비슷하여 물아카시아라 불렀다.

5월부터는 자줏빛 도는 보라색 꽃송이에 꽃마다 주황색 꽃술이 밖으로 나와 독특한 분위기를 자아내는 꽃이 핀다. 꽃이 필 때 자세히 들여다보면 푸른빛과 보라, 주황이 함께 어울려 더욱 신비감을 준다.

우리는 자연과 교감하며 나름대로 정서를 키워 갔다. 시골서 자란 행운이다.

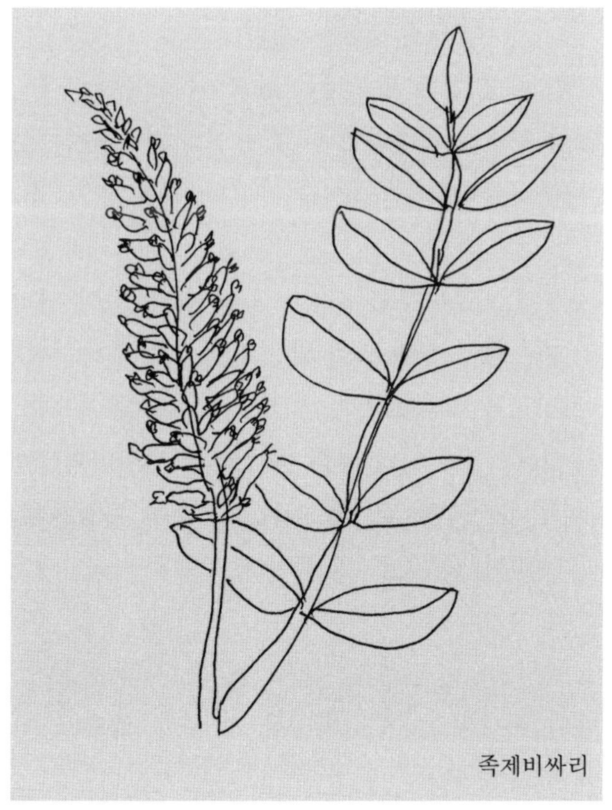

족제비싸리

42. 미루나무

가슴으로 다가오는 나무가 미루나무이다.

봄에 물이 오르는 미루나무 가지를 잘라 아버지는 호드기를 만들어 주셨다. 굵은 가지는 굵게, 가는 가지는 가늘게 소리를 낸다. 입술에 닿는 호드기 향이 아직도 신선하다.

5월, 마당 앞에 반들반들 반짝이는 미루나무는 하릴없이 친구를 기다리게 한다. 공연히 설레어지는 5월의 미루나무다.

가을의 미루나무는 시인이 되게 한다. 하얀 서리가 내린 미루나무 노란 잎을 밟으며 학교로 향하는 가슴은 저리도록 애리다. 이른 새벽부터 왱왱 돌아가는 탈곡기 소리, 일꾼들의 삶의 목소리를 뒤로하며, 낙엽진 미루나무 길을 걸어본 이는 서리보다 차갑게 스며드는 계절의 고독감을 알 것이다.

고향의 나무, 감성의 나무, 지금은 거의 사라진 재래종 미루나무는 어느 시인을 그 나무 옆으로 이사오게 만들었단다.

43. 참나리

나리와 백합 새싹이 뾰족이 올라올 때면 쪼그리고 앉아 수시로 들여다본다. 뾰족한 머리가 솟아 날 땐 백합인지 나리인지 구분이 안 갔었다. 지금은 참나리는 훌쩍 자라 검은 점 박힌 붉은 꽃을 피우고, 백합꽃 뒤에서 쾌활하고도 씩씩하게 고고한 백합을 호위한다. 따가운 여름의 꽃밭은 서로 잘 어울리는 환상의 커플로 인해 더욱 아름답게 빛났다.

44. 성스러운 백합

꽃향기로 말하자면 백합을 빼놓을 수 없다. 어릴 때 우리 집은 앞, 뒤, 옆 사방에 꽃밭이 있었는데, 백합은 동쪽 화단에 가득히 핀다. 그때는 모두가 재래종 백합인데, 수줍은 듯 고개를 숙이고 살포시 뽀얀 속살을 여는 고고한 꽃! 꽃술 머리는 자줏빛 융단 같아서 희고 청순한 백합을 한층 신비롭게 만든다. 아침저녁으로 숨 막히게 하는 향기는 신의 조화였다.

집집마다 이 백합을 심는다면 누구도 악한 마음을 품지 못할 것은 천상의 향이다.

서쪽 하늘이 고운 빛을 띨 때면 이 아름다운 향기는 노을 진 그곳까지 멀리멀리 퍼져나갔다.

백합은 지중해가 원산지로 유럽이나 중국에서는 예부터 약용이나 식용으로 쓰였다고 한다.

그리스 신화에서는 헤라 여신의 젖 방울이 떨어져 흰 백합으로 피어났으며, 여신의 성화로 찬미되었고, 왕위 계승자의 표시이기도 하였다. 또 고대 로마 화폐에는 '민중의 희망' 이라는 말과 함께 백합이 새겨져 있다.

중세 기독교에서는 종교의식 때나 교회 건축물에

백합

백합이나 백합 문양을 많이 사용하였고, 순결의 심벌로 동정녀 '성모마리아'를 상징하였으며, 성모마리아 상을 백합으로 장식하였다. 또한, 부활의 뜻을 담고 있어 부활절 장식으로 쓰인다고 한다. (인터넷 백과 종교학 대사전 인용)

또, 흰 백합은 '순결, 변함없는 사랑'을 의미하여 신부의 부케로 쓰이는 시초가 되었다니, 이렇듯 백합은 고대부터 종교적 상징성을 가지고 성스러운 꽃으로 대우를 받아왔다.

그러고 보니 그 모습과 향기가 더욱 아름답고, 더더욱 고귀한 꽃으로 다가온다.

45. 새싹

새싹 하면 5학년 때 국어시간이 생각난다. 전 학년이 학부모를 모시고 수업을 공개했다. 학년 초라서 학부모 회의가 있었나 보다. 농사일이 바쁘신 우리 부모님은 거의 학교 회의에 참석하는 일이 없었다. 내가 졸랐는지 아버지께서 오셨다.

선생님은 내일 부모님이 수업을 보시니 예습을 해오라 하셨다. 국어시간인데, 학습 단원은 확실하게 기억이 안 나지만, 학급회의를 통해 학급신문 제목을 '새싹'으로 정하는 내용이었다. 교과서를 읽게 한 후, 선생님께서 질문을 하셨다. 왜 신문 제목을 새싹으로 정했을까요? 나는 손을 번쩍 들었다. 어제 전과를 보고 예습한 내용이었기 때문에 수줍음 타는 내가 대답했다. '새 학년을 맞은 우리도 새싹처럼 잘 자라자'는 뜻이라고 대답하니 선생님은 잘했다고 박수를 청하신다.

뒤에 앉아 계신 아버지 얼굴을 돌아보진 못했지만, 분명 흐뭇한 미소를 지으셨을 것이다. 새싹들이 잘 자라 주길 바라면서–

46. 분꽃

분꽃

얼마나 소중한 생명들인가! 한 포기에서 여러 색의 꽃을 피우는 분꽃이여! 너는 이 꽃들을 피우기 위해 땅속에서 얼마나 많은 시간을 기다리며 힘든 정성을 들였니?

한낮에 잠자던 네가 꽃잎을 열고 일어날 때면 마을 아낙들은 저녁 준비를 했단다.

아이들은 너의 노랑꽃, 빨강꽃, 하양꽃, 노랑빨강이 섞인 꽃을 따서 탑을 쌓았지. 먼저 탑이 쓰러지면 알밤 1대, 가위바위보로 탑이 높이높이 올라갈 때면 가마솥 저녁밥이 끓었어. 밥상에 둘러앉은 아이들의 앞자락엔 어느새 예쁜 분꽃 무늬가 새겨져 있었지. 얼굴은 너의 분으로 화장을 해 더 꼬질꼬질했단다. 그립다. 너의 모습.

(분꽃을 따서 메리야스 위에 올려놓고 비틀어 짜면 물이 들며 분꽃 모양이 새겨지고, 까만 씨앗을 따서 쪼개면 하얀 분이 나온다.)

47. 국화 숲의 비밀

나의 비밀스러운 꽃이다. 나만이 알고 있는 영역이다.

뒷간 가는 꽃밭 모퉁이에 작고 하얀 꽃을 피우는 국화가 한 다발 자랐다.

초등학교 입학 전일로 기억된다.

어느 날 다복이 자란 국화 다발을 헤쳐 보니 달팽이가 숨어있었다. 달팽이가 사는 집인가 보다.

얼마나 놀라운 발견인지, 뒷간 갈 때마다 국화 숲을 헤치면 그곳에 달팽이 가족이 살고 있었다.

나만이 아는 터라 얼른 덮고 나온다. 어디로 도망갈 세라. 어린 나이에 자신만이 아는 사실, 자신만의 영역, 비밀스럽고, 은밀한 장소나 사실은 누구나 한 가지씩은 안고 자랄 것이다. 잊지 못할 국화 향과 달팽이 가족이다.

48. 복숭아 향 자귀나무 꽃

우리 집에서 좀 떨어진 둘째 큰집은 산을 깎아 지은 기와집이다. 동네에서 제일로 크고 좋은 늴리리 기와집이었다.

산 절개지는 담처럼 넓게 집을 둘러싸는데 절개지 중간쯤에 자귀나무 하나가 밑으로 누운 듯 자랐다.

조그만 자귀나무는 6월이 되면 너무나 보드랍고 예쁜 꽃을 피웠다. 보슬보슬 솜털 같은 꽃술, 아래는 하얗고 위가 분홍빛인 이 꽃은 모양과 향기로 우리를 유혹했다. 잘 익은 복숭아 빛깔로 복숭아 향이 났다. 사촌들과 그 꽃을 복숭아꽃이라 불렀다. 동심을 사로잡은 그 꽃은 우리를 탐험가로 만들기에 충분했다. 우리는 흙 절개지에 해님 달님에 나오는 호랑이처럼 꽃나무까지 홈을 팠다. 결국엔 그 유혹의 꽃을 따고야 만다. 먹고 싶은 향기가 나지만 먹어 보지 못한 꽃, 복숭아 향이 나는 유혹의 꽃, 개척가로 만든 꽃, 그 나뭇잎은 저녁이 되면 조용히 잎 날개를 접고 잠자리에 든다. 그래서 부부금실을 상징하는 합환수, 야합수라고도 한단다.

49. 눈물 속의 시네라리아

잊히지 않을 꽃, 시네라리아! 너와의 만남은 특별했단다. 집 꽃밭이나 들꽃만 보아온 어린 눈에 충격으로 다가왔어. 내가 집을 떠나 세상 밖으로 나온 것도 처음이지만, 너같이 화려하고 선명하게 치장을 하고 화분에 심어져 얌전히 햇볕을 쬐고 있는 모습도 처음이었지.

그때가 초등학교 1학년 예비 소집일이었어. 부모님이 바쁘셔서 큰엄마를 따라 동갑인 사촌 윤숙과 함께 학교에 갔단다.

그런데 내가 입학 연령이 안 된다 하여 읍사무소에 가는 길이었어. 길옆에는 새장 안에서 접은 쪽지를 물어와 점을 치는 십자매와 점쟁이가 앉아있고, 구경꾼들도 모여 있었지.

얼뜨기 촌 계집애는 그 신기한 십자매에 팔려 넋을 놓고 바라보다가, 그만 내리쏟는 말 마차에 놀라 길을 건너다 치고 말았단다. 그곳은 작은 재빼기라 불렀고, 언덕배기라서 내려올 땐 말이 내달린다는 사실도 나중에 알았지.

마부는 울며 뿌리치는 날 어깨에 메고 권 병원으로 달렸어. 그때 원장실에서 너와의 첫 만남이었단다. 자주색 꽃에 하얀 테두리를 하고 소복하게 피어있는 모습이란 너무나 예뻐서 나의 두려움과 아픔도 멎게 했단다.

덕분에 난 1년을 꿇고 다음 해에 입학을 했지만, 그 후로 너의 모습은 보기 힘들었단다. 커서 네 이름도 알았고, 이른 봄, 특히 신학기 환경 정리 때 네가 등장하더구나.

새로운 것과의 만남은 신기하기도 하고 두려움으로 다가오지. 처음으로 세상밖에 나왔던 나는 모든 게 신기하고 낯설어 사고도 났잖아. 시네라리아! 너는 초등학교 입학 시즌 '추억의 꽃' 이야.

시네라리아

50. 귀부인 달리아

꽃을 좋아하시는 어머니를 위해 작은 오빠는 신품종 달리아를 구해왔다. 꽃은 탐스러워 쟁반만 하고 연보랏빛 꽃잎들은 참으로 귀부인처럼 우아했다. 키는 커서 우리 집 담장을 넘었고, 어머니의 기쁨도 귀부인처럼 크고 환해 지셨다. 그것이 오빠가 농대를 졸업한 후일 게다.

유난히 개구쟁이였던 작은 오빠는 잊지 못할 어머니 칭찬을 가슴에 고이 담고 있었나 보다. 부모님이 떠나신 지금은 산소 주변에 꽃을 가득 가꾸고, 아무도 살지 않는 본가에 봄마다 꽃을 심는다. 부모님이 외롭지 말라고 심는다 했다.

그러면서 작은 오빠가 하는 말을 처음 들었다.

"내가 아주 어릴 때 들꽃을 캐다가 장독 뒤에 꽃밭을 만들었는데, 어머니가 보시더니 '네 꽃밭이 참 이쁘구나.' 하고 칭찬을 하셨지. 그 말씀을 잊을 수 없어."

우리 곁을 떠나신 부모님은 이렇게 자식들의 가슴마다 여러 모습으로 한 조각씩 남아계신다.

달리아

51. 어머니의 꽃다발

가을 서리가 올 무렵이면 백일홍, 달리아는 다시 태어나듯 선명함을 발하며 다투어 피어난다.

어린 날의 달리아는 빨간 꽃잎에 끝부분으로 하얀색을 띠거나, 빨간색으로만 피는 재래종이었다. 달리아는 장독대 양쪽으로 흐드러지고, 앞마당엔 백일홍을 비롯해, 마지막 장식을 하듯 가득 피어난 꽃들을 어머니는 자식들이 아침밥을 먹는 사이 한 아름씩 꺾어 딸들의 가슴에 안긴다.

그리도 아끼시는 꽃이지만 학교에 보내실 때는 아낌이 없었다.

자식들을 위하는 마음, 선생님을 존경하는 마음, 교실이 환해지고, 여럿이 감상할 수 있는 기쁨을 나누시는 것이다.

작은 품 안에 앉긴 꽃다발은 주인 아가씨만큼이나 기쁘고 자랑스러웠다.

백일홍

52. 향수의 페튜니아

내가 처음 대했던 꽃 중에 또, 페튜니아가 있다.

중학교 2학년 때 생물을 가르치시던 여선생님이 고등학교 때 교감선생님으로 오셨는데, 삭막한 여학교에 꽃바람을 일으켰다.

꽃밭에는 페튜니아가 만발하고, 각 교실 창가에도 페튜니아 화분을 가꿔 척척 늘어진 꽃들이 어우러졌다. 이 꽃은 연한 핑크빛으로 나팔꽃처럼 생겼는데 페튜니아라 하셨다.

향기가 생소해서 대부분 친구들은 좋아하질 않았지만, 그 꽃의 독특한 향기와 몸 전체에서 나는 냄새는 나의 마음을 사로잡았다.

지금도 그때의 오묘한 향기, 하늘거리는 연분홍 꽃을 생각하면 사춘기 소녀의 심장을 흔들던 향수가 그리움으로 절여온다.

지금 생각해 보면, 여학교의 정서를 살리고자 꽃 피는 교정을 만드셨던 김 선 교감선생님의 노력과 열정이 고마울 뿐이다.

수 십 년이 흐른 지금에 다시금 그 시절의 고마움을 느끼고, 그리운 추억으로 회상하는 한 여학생이 있게 하셨으니... 때로는 창가 화분에 물을 주지 않아 혼이 났던 기억도 지금은 입가에 흐뭇한 미소를 짓게 한다.

이렇듯 새로운 발상이나 혁신은 많은 이들에게 감동을 주거나 편리함을 주며 이익을 주기도 한다.

어떠한 변화들 뒤엔 대부분 누군가의 희생과 노력, 참신한 아이디어가 뒤따르지만, 우리는 보통 큰 고마움 없이 무심코 받아들인다.

53. 나팔꽃

꽃 이야기를 쓰자니 자연 어머니의 이야기가 많이 나온다.

어머니는 화려한 자주색에 흰 테두리를 가진 멋쟁이 나팔꽃 씨앗을 구하셨다.

그동안 보아온 착하게 생긴 나팔꽃이 아니라 씩씩하고 힘찬 소리가 울릴 법한 화려하고 큰 꽃 종자였다.

꽃들도 자꾸 개량되어 더 예쁘고 튼튼한 꽃들로 태어나는 것 같다.

어머닌 테라스 위로 줄을 매 정성껏 나팔꽃을 가꾸셨다. 어쩌다 집에 오면 커다란 나팔꽃이 집안에 가득 피어 내 마음도 환해진다.

아침마다 어제 펴서 시들은 꽃들을 따 주시고, 아침저녁 물을 주어 나팔꽃 테라스는 언제나 싱싱했다.

누굴 위해 저토록 정성 들여 꽃을 가꾸시는 걸까? 어릴 때부터 보아온 모습이다. 내가 요즘 꽃을 가꿔보니 조금은 알 것 같다.

나팔꽃

54. 봉선화

정겨운 꽃, 여인들의 꽃, 집집마다 봉선화 안 피는 집이 없었다.

여름날 저녁, 도란도란 모여앉아 봉선화를 손톱에 감고는 찐 옥수수나 감자를 먹는다. 인심도 후하다. 반딧불이도 덩달아 한여름 밤을 수놓는다.

교육대학을 졸업하고, 모교의 졸업생 서양화 동아리인 그릴회에 들어가 그림활동을 시작했다. 그러면서도 나의 꿈이었던 미술대학에 가고 싶은 욕망이 꺼지지 않을 때, 꽃밭의 봉선화 꽃을 부러워했다.

봉선화 씨앗처럼 되고 싶었다. 저 씨앗처럼 터질 날이 있겠지..., 지금은 씨방에 갇혀 답답하지만, 언젠가 때가 되면 터져 나와 새싹을 틔고, 그림으로 꽃을 활짝 피우길 바라는 마음이었다. 그러나 긴 세월이 흘렀어도 씨앗은 잘 여물지 못했나 보다.

충실하고 만족한 꽃을 피우지 못했다. 어쩌면 씨앗이 여물어 터지기 전에 스스로 포기했거나, 열정과 정성이 부족했던 탓이었으리라.

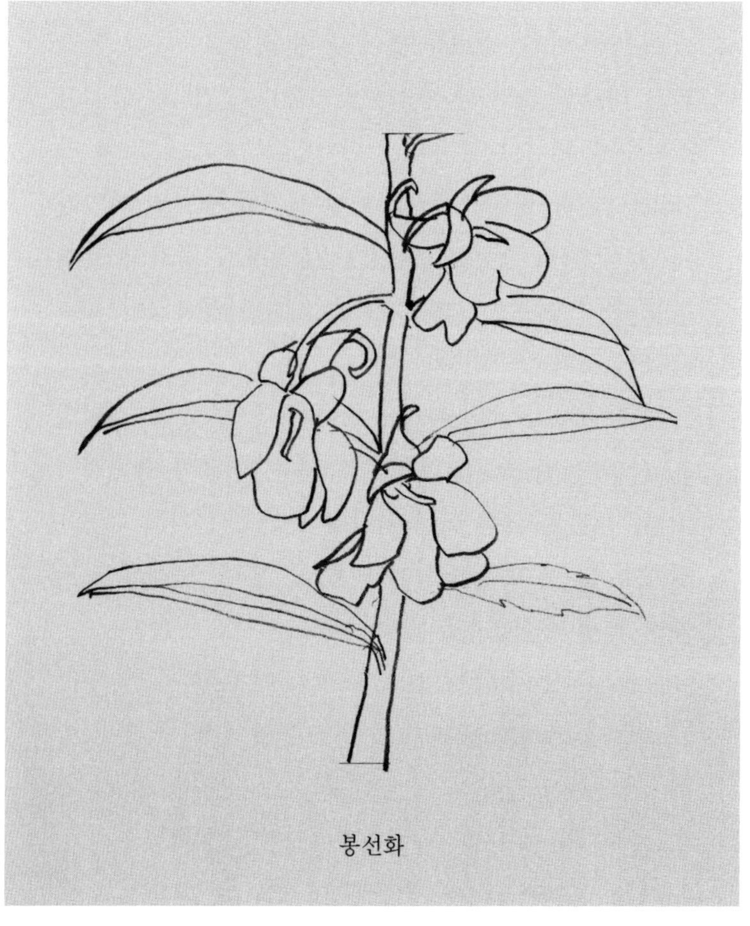

봉선화

55. 명품 달개비

파란 꽃 달개비! 유일하게 어린 날 보았던 파란색 들꽃이다.

여름날 아침, 걸레를 빨기 위해 집 가의 둠벙 빨래터로 나가면 파란 달개비가 맞이한다. 둠벙 가에서 아침이슬을 머금고 영롱하게 피어있다. 물속에 비친 달개비도 나를 반하게 한다. 물에 걸레를 담그면 동그라미 물결 따라 꽃은 사라진다. 조심조심 물가의 달개비를 꺾어 집으로 가져와 꽂아 보지만 영락없이 꽃은 시들어 버린 듯 오므라진다.

파란 꽃잎 두 장 아래로 멋지게 끝을 올려 내리뻗은 하얀 노란 꽃술, 맘껏 자랑하는 모습이 매력적이지만, 반원을 그린 꽃 주머니에서 살포시 피어 나오는 달개비 꽃은 가히 명품이라 할 수 있다. 근래에는 달개비 꽃을 좋아하는 이들이 많다는 것도 알았다.

이렇게 야생화를 자세히 관찰하다 보면 예쁘지 않고, 완벽하지 않은 꽃이 없다. 나이가 들어가며 더 깊이 들여다보게 되고, 가슴으로 느끼게 된다.

어느 꽃이든, 어느 잡초든 자세히 보고 있노라면, 너무나 오묘한 생김새에 신의 조화를 아니 느낄 수 없다. 누가 이런 모습을 만들 수 있을까? 그 작은 생명들이 신비하고도 소중하다.

살아가면서 가끔씩은

달개비

시야가 깊어지거나 넓어지는 것을 느낄 때가 있다.

시력이 떨어지는 대신에 안 보였던 것들이 보이고, 청력이 쇠하는 대신에 못 들었던 소리가 들리기도 하나보다.

그동안 안 들렸던 것, 안 보였던 것, 느끼지 못했던 것들을 알아차리는 지혜가 열리기를 바란다. 육신은 늙어가도 마음은 청정하여 신선함을 잃지 않기를 바랄 뿐이다. 늙어가며 바라는 소박하지만 소중한 소망이다.

56. 실크로드에서 만난 풍접초(족두리 꽃)

떨잠이 바르르 떨고 있는 신부의 족두리인가! 어머니의 꽃, 족두리 꽃은 나비 꽃이라고도 불렀다.

새벽 잠결에 꽃밭을 매는 어머니의 호미 소리를 듣는다. 앞마당에 활짝 핀 족두리 꽃은 매일 아침잠에서 깨어난 칠 남매를 환한 미소로 맞는다.

해 질 녘이면 너도 나도 꽃단장을 하고, 떨잠을 꽂고는 부랴부랴 들에서 들어오시는 어머니를 반색하며 맞아준다. 하루 종일 힘들었던 어머니의 허리는 저절로 펴지신다. 유독 좋아하시던 족두리 꽃이다.

그런데 실크로드 이국땅 쿠알라에서 그 꽃을 만났다. 탄성이 절로 나왔다.

'아니, 네가 이곳에서도 피는구나!'

94년 실크로드 여행 중, 투루판에서 9시간을 버스로 달려 한밤에 쿠알라에 도착했는데, 호텔 화단에 환히 핀 족두리 꽃을 보았다.

낯선 곳에서 어머니를 만난 듯 반갑고 반가웠다.

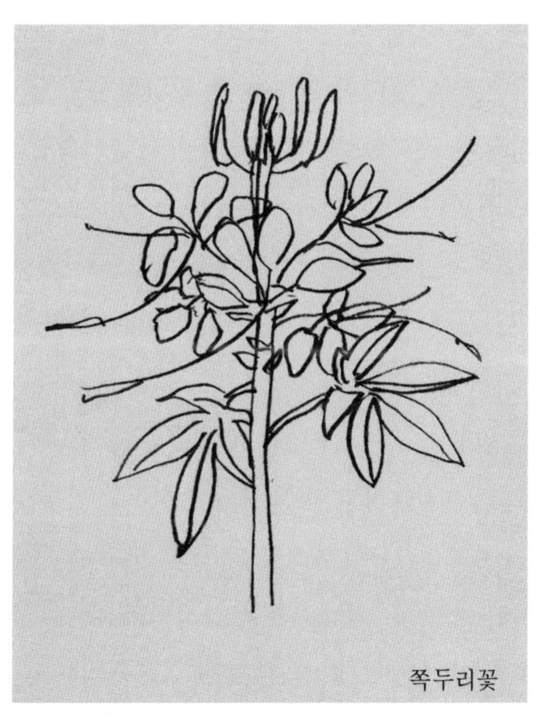
쪽두리꽃

57. 혼란스런 매화

중학교 오가는 길가 어느 집 담 너머로 이른 봄부터 매화꽃이 핀다. 매란국죽 사군자에서 본 그 자태의 매화꽃이다. 가까이서 향기는 맡아 보지 못했지만 어쩐지 지성과 감성이 넘치는 꽃 같았다.

그림같이 굴곡진 해묵은 가지에 황금비율인 양 적당하고 잔잔하게 핀 꽃들은 초연해 보일 정도였다.

그처럼 사군자 같은 꽃이 매화로만 알고 있었는데, 20여 년 전부터 인가 내 주변에도 매화나무가 심심치 않게 심어지고 꽃을 피웠다.

그렇지만, 그 옛날 보았던 매화꽃과 닮지 않아 혼란스러웠다. 그렇잖아도 여러 겹꽃으로 꽃 방망이를 이루는 소관목의 새하얀 매화, 황금빛 매화를 매화라고 하여 왜, 저 꽃도 매화라고 부를까? 완전하게 의문을 해결하지 못했는데, 또 다른 매화나무가 나타난 것이다.

'매실과 매화는 각각 다른 나무란 말인가?' 푸른 빛 도는 가지는 위로 쭉쭉 뻗어 가지마다 꽃이 다닥다닥 피어나는데, 사람들도 매화나무라 하지 않고 매실나무라 불렀고, 또는 청매실이라 했다.

매화나무의 열매가 매실이라면, 옛날 그 집의 매화나무도 꽃이 지면 매실을 맺었을까? 혼자서 의문도 가져 보았다. 쓸데없이 그런 곳에 관심을 두는 이들은 없는 것 같았다.

보통, 사과나무에 피는 꽃은 사과 꽃이고, 감나무에 피는 꽃은 감꽃, 사과나무 열매는 사과, 감나무 열

매화

매는 감이라 부르는데, 왜, 매화나무의 꽃은 매화라 하고 열매는 매실이라 불러 나를 혼란하게 만들까?

지금 생각하면 따져볼 것도 없이 쉬운 문제지만, 모를 땐 혼자서 어렵다.

세월이 흐른 뒤에 터득한 것은 중학생 때 본 그 매화나무는 재래종으로 고목인데다 전지도 잘 해주어 수형이 그림처럼 근사했고, 그런 가지에 피어난 꽃 역시 서로 조화를 잘 이루어 그리도 멋지게 보였을 것이라고…….

묵은 지가 맛이 깊듯이, 나무도 해를 더할수록 그 진가가 배어 나오나 보다. 또 어떻게 가꾸느냐에 따라 그 가치가 달라지는 것을 새삼 느껴본다.

57. 천 마리의 홍학 자목련

'천 마리의 홍학이 내려앉은 형국' 이라고 농장 바로 건너편에 집을 짓던 아저씨들이 감탄을 한다. 목천 농장에 자목련이 꽃을 피우면 나무는 빛을 발한다.

이제는 자목련이 커서 동산만 하다. 천 마리의 홍학이 내려앉았다는 그 가슴 벅찬 풍광을 매년 보지 못하니 나무에게 미안하다.

목련

59. 청도에서 만난 왕과

오래전 여름, 청도에 200년 된 초가가 있다 하여 방문했다. 산 중턱 아담하게 자리 잡은 초가집 오르막에 노란 꽃이 함빡 피어 있다.

잎을 보니 참외 덩굴 같은데 꽃은 참외 꽃보다는 크고, 항아리 모양에 꽃잎이 5갈래로 갈라져 핀 꽃이었다.

궁금하고 신기하여 집에 와서 찾아보니 용케도 도감에 나왔다. 얼마나 반가웠던지……. '왕과' 라고 했다.

왕과는 토과, 쥐참외 또는 주먹 참외로 불린단다. 중부 이남 들이나 산기슭에서 자란다니 그동안 내가 볼 수 없었던 이유인가 보다. 여러 가지 약재로 쓰이고 항암효과가 있다고 했다.

야생초는 거의가 약초로 보면 된다고 한다. 어느 하나 약효 없는 것이 없고, 알면 버릴 것이 하나도 없다. 못된 사람일지라도 알고 나면 장점이 있고, 발에 차이는 돌도 쓰일 데가 있으며, 도움이 될 때가 있다.

그러나 우리는 흔히 단면만 보고 평가하는 오류를 범하기도 한다.

60. 겨울 꽃(화투)

우리 집엔 겨울에 피는 꽃이 없다. 추운 겨울이라 어디고 마찬가지였다. 그 시절엔 그랬다. 있다면 큰집에 큰아버지가 꽃밭에서 캐다 방안에 모셔 놓은 바나나 나무의 푸른 잎이다.

우리에게 겨울의 유일한 꽃은 할아버지 화투장에 그려진 예쁜 꽃들이다. 이매주, 삼사구라, 오난초, 육목단, 국진 등 모두 눈에 익은 반가운 꽃이다.

할아버지를 졸라 손녀들은 민화투를 배우고 할아버지와 내기를 한다. 긴 겨울밤도 짧았다.

왜 그리 재미있었는지. 지는 편이 나가서 총각김치에 찬밥을 차려오면 정말 꿀맛이었다.

추운 겨울, 할아버지 손에서 피어나던 예쁜 꽃들은 손녀들 가슴에 고스란히 심어져 따뜻한 사랑으로 다시 피어난다.

61. 삼 사구라(삼광)

– 화투 이야기가 나왔으니 말이지만, 화투 중의 꽃은 나에겐 삼사구라였다.

사구라 중에도 삼광 꽃이 단연 으뜸이다.

삼광만 들어오면 신이 난다.

내 손에 들어왔다는 사실 만으로 기분이 날아간다.

그때도 사구라가 일본 국화인 줄 알았을 테지만, 미안한 마음이 들어도 어쩔 수 없었다.

어찌 그렇게도 기분 좋게 꽃을 그렸을까?

그때의 삼광은 내게 행운을 갖다주는 부적과 같았다. 벚꽃 그늘 아래서 유년기를 보냈던 나에게 벚꽃은 그저 아름다운 꽃이었다.

일본이 벚꽃을 국화로 삼은 인연이지, 그 꽃을 미워할 수는 없다. 그나마 지금은 온 나라가 벚꽃세상이 되었다.

62, 해바라기

해를 따라 핀다 하여 해바라기다. 어쩌면 해를 향한 변치 않는 마음이 해님을 닮게 했나 보다.

해님을 기다리고, 바라보며, '당신을 사랑합니다' '당신을 존경합니다' . 해바라기의 꽃말이다.

이슬을 헤치며 학교 가는 길에 해바라기가 줄지어 피어있다. 노란 꽃잎은 희망처럼 빛났다.

커다란 꽃송이 안엔 영롱하고 신비로운 꿈이 가득하다. 사춘기 소녀의 이상처럼 눈부시다.

무심히 지나치던 어느 날, 해바라기가 하얀 교복의 단발머리 소녀를 불렀다.

"당신을 사랑합니다."

"아! 해바라기님 ...."

63. 꿈 결 같은 보물섬

종가로 양자를 가셨던 큰아버지는 일본 유학에서 돌아와 일본인이 살았던 집을 사서 큰할아버지와 큰할머니를 모시고 살았다. 내가 세상에 나오니 우리 집은 큰집 옆에 붙여 지은 초가삼간에 작은 행랑채가 있었었다.

8남매를 두셨던 할머니는 돌아가시면서, 아직 신혼이지만 분가 못 시킨 셋째 네를 큰 아들 집 옆에 지어서 빨리 분가시키라고 성화를 하셨단다. 셋째 아들인 아버지께서 새집을 짓고 분가하신지 1달 만에 할머니께서는 소원을 이루시고 44세 한참 나이 돌아가셨다.

사촌들이 많았던 내겐 친구라야 사촌들이었다. 큰집엔 갖가지 꽃과 나무들로 가득하여 우리들에게 충만한 놀이터가 돼 주었다.

앞 울타리의 측백나무 열매는 별사탕이 되고, 뒤 울타리의 구기자 열매는 김치를 담을 때 꼭 필요한 고춧가루였다. 자리공의 까만 열매로는 콩장을 만들고, 무궁화 꽃이나 플라타너스 방울도 우리의 좋은 소꿉쟁이 되었다. 대문가에 빨간 찔레 순은 맛있는 간식이 되고, 마당 천정을 덮은 등나무 꽃그늘은 우리를 꿈속으로 취하게 했다.

부엌엔 용이나 모란이 그려진 양념 통이나 하얀 단지들, 방안에는 갖가지 화조도가 걸려 있어 그림 속에 빠져들기도 했고, 용이 여의주를 문 자개장에선 알 수 없는 야릇한 냄새가 났다.

대문 밖만 나가면 들꽃들이 반겨주었고, 우리는 감나무, 벚나무 밑에서 하늘을 보며 꿈을 키워갔다.

그 시절이 보물섬에 다녀온 꿈결처럼 아득하다.

64. 고마리(고만이)

개울가에 아주 작은 연꽃 송이들이 가득 피어있다. 얼마나 예쁜지! 하얀 쌀알 끝에 분홍색 연지를 찍고 연꽃 사촌처럼 피어있는 꽃-

가을 운동회 준비로 한참 부산할 무렵, 총각 선생님 한 분이 내게 다가왔다.

"교감 선생님, 냇가에 연꽃 모양으로 아주 작은 꽃들이 가득 피어있던데 무슨 꽃이죠?"

"아, 고마리-"

고마리

65. 철홍이의 알로에

1988년 벽지 송전초등학교에 부임하던 해이다. 전학 온 철홍이가 알로에 모종 2포기를 가져왔다.

"선생님, 아빠가 알로에 농장을 하시는데, 선생님도 길러보시라고 주셨어요." 하고 내민다.

알로에는 교실에서 잘도 자랐다.

학년이 끝나고 철홍이를 불렀다.

"이 알로에는 아빠가 선생님께 주셨다니 선생님이 가지고 올라가도 되겠지?" 하고 3년 후 그 학교를 떠날 때 집으로 가져왔다.

알로에는 잘도 자라 분갈이를 해주니, 새끼도 치고 꽃도 피었다. 그때 이미 한 포기는 아들이 아토피가 심하다는 선생님에게 주었고, 분양한 화분은 또 필요한 지인에게 나누어 주었다.

이렇게 알로에는 30여 년을 자랐고, 철홍이는 지금쯤 40대 초반으로 그때의 철홍이 만한 애들 아빠가 되었을 것이다.

다행히 생명력이 강한 알로에는 내가 5,6년 집을 비웠어도 조카 손에서 죽지 않고 잘 자랐다. 지금 어미 알로에는 작은 올케가 기르고, 나는 그 손자 알로에를 기르고 있다.

66. 푸른 별 꽃, 지구

우주의 푸른 별, 지구라는 꽃 속에 인간들의 마음이 모여 가지각색의 꽃술을 만든다.

꽃이 완전한 것은 빛나는 꽃잎과 신비롭고 선한 꽃술들이 모여 아름다운 향기를 만들고, 열매를 맺고, 멸할 때까지 완벽함을 갖추어 생을 마감하기 때문이라고 나름 생각해 본다. 또, 살아있는 동안 뭇 생명들에게 이로움을 주고, 그들의 마음을 움직이게 하는 에너지가 있지 않은가?

푸른 별 꽃 역시 각 꽃술(사람들)에서 만들어낸 맑고 고운 향기로 꽃송이를 더욱 푸르고 아름답게 빛냈으면 하는 아이 같은 꿈을 꾼다.

선한 꽃술들이 품어내는 난향 같은 그윽함에 악취도 동화되어 푸른 별 꽃 세상엔 행복한 기운 만이 가득하길 간절히 바라는 마음이다.

눈 싸인 겨울밤, 맨발로 슬리퍼만 신고 두 어린이가 밤하늘을 가리키며 올려다본다. 초등 3학년이라는 오빤 1학년 여동생에게 너무나 높은 수준으로 별들을 설명한다. 내가 좋아하는 오리온좌를 가리키며, 저기 사각형 모양의 큰 별들이 있지? 네모 안에 3개의 작은 별이 나란히 있고, 저 별들이 겨울철의 대표적인

별자리로 아름답게 빛나는 오리온 좌야. 오리온 좌 왼쪽으로 마주 보는 2개의 큰 별 중 아래 반짝이는 별이 큰 개 자리로 일등별 시벨리우스야. 위에 있는 별이 작은개자리이고, 큰개자리와 작은개자리는 오리온의 사냥개래. 오리온좌의 베텔게우스와 큰개, 작은개좌가 이루고 있는 삼각형이 겨울철 대 삼각형이라고 해. 그 남자아이는 끝도 없이 줄줄 은하의 수, 별들의 수, 거리, 밝기 등을 설명한다. 내가 옆에서 물으며 들어주니 추운 줄도 모르고 신이 난다. 어린 동생은 알아듣는지 춥기만 하고 발이 시려 동동 구르고 있다.

그러나 어린아이들 머리 위에선 별처럼 희망이 빛나고 있었다.

이 가슴 뭉클했던 광경과 이름 모를 작은 들꽃을 발견하고 경이로움에 가슴을 떠는 사람들, 생명의 씨앗을 심고 사랑의 꽃을 피우는 고운이들, 어느 날 별에서 들리는 어린 왕자의 까르르 웃음소리를 듣고 반가운 편지를 쓰는 따뜻한 이들, 건강한 푸른 별꽃을 위하여 밤낮없이 연구하며 고생하는 아름다운 이들이 있는 한 푸른 꽃은 시들지 않고 아름답게 빛날 것이다.

67. 꽃밭의 조뱅이

민들레 철이 지나자, 꽃밭에 처음 보는 꽃으로 엉겅퀴보다는 부드럽고, 지칭개보다는 키가 작은 연보랏빛 꽃이 많이 피었다. 도감에서 본 조뱅이였다.

선장 초등학교의 학선 분교장에서 있었던 일이다. 당시 분교장이었던 나는 교정 사방에 민들레가 너무 많이 피어나 아예 민들레 꽃밭으로 만들자고 뽑지 않았다. 울타리 안이나 꽃밭이나 키 작은 노란 꽃이 만발하니 학교 안도 봄으로 가득했다.

마침 본교의 교장선생님께서 순회를 오셨는데 불호령이 떨어졌다.

"학교를 민들레 밭으로 만들 셈이오?"

아쉬웠지만 전 직원이 나서서 부랴부랴 민들레를 뽑았다. 엉뚱한 선생님들과 주사님들까지 몰아서 혼이 났었다.

이번엔 야단을 맞기 전에 예쁜 꽃이지만 뽑아야 한다.

"정 주사님, 저 분홍 꽃이 조뱅이지요?"

정 주사님은 깜짝 놀라며,

"아니, 선생님 이 꽃 이름을 아시네요."

"아, 예– 저도 야생화에 관심이 있어 찾아봤는데, 조뱅이가 맞나 봐요?"

정 주사님은 야생화처럼 선하고 강하셨다. 야생화를 좋아하셨지만, 꽃밭에선 잡초이기에 조뱅이를 깨끗이 뽑아주셨다.

68. 쑥부쟁이

보통 들국화라고 부른다. 여름부터 들이나 산에 연보라색으로 피어 가을을 꾸미는 꽃이다.

들국화엔 외로움이 묻어 나와 그냥 지나칠 수 없게 한다. 한 아름 꺾어 항아리에 꽂기도 했다.

장마가 끝나 갈 무렵 과학담당 선생님이 수업을 하는데, 학습 자료인 개망초 꽃을 보이며 쑥부쟁이라 하셨다.

아이들이 기억을 못 했으면 좋겠다는 조바심이 생겼지만, 한참 선배인 그 선생님께는 자신이 없어 말씀을 드리지 못했다.

너무도 자신 있게 수업을 하셨기 때문이다. 다행히도 그때의 수업내용이 식물 이름을 알아보는 시간은 아니었다.

나도 그와 비슷한 오류를 범한 적이 있다. 저 분도 언젠가는 잘못을 알고 수정하시겠지……. 그러나 차라리 내가 잘못 들었거나 잘못 기억했기를 바라는 마음이었다.

선생님이란 직업은 책임이 따른다. 잘못 가르치면 안 되는 일이지만, 사람인지라 그와 같은 실수를 할 때가 있다.

내 경우도 늦게서야 내가 잘못 가르쳤다는 걸 안 것처럼, 학생들도 잘못 배웠다는 것을 깨닫게 될 것이다. 이런 시행착오가 살아가면서 한두 번 겪는 것은 아니겠지만, 교사는 최대한의 책임이 따라야 하고, 교육에서만은 시행착오나 실패를 반복해서는 안 될 것이다.

69. 망초

어머니가 밭에 풀을 뽑으시며 망초대와 씨름을 하신댔다. 주변에 많이도 나던 어린 망초는 알았지만, 키가 쑥쑥 자라 숲을 이룬 잡초가 망초대인 줄은 너무나 늦게 알았다.

여름방학이 끝난 어느 날, 퇴근을 하면서 최 선생님이 물었다.

"선생님, 저 풀 이름이 뭐예요?"

머리를 얻어맞는 듯 정신이 든다. 두엄더미 옆에서 내 키보다 더 크게 자란 풀들이 상층에 많은 가지를 벋고, 꽃 같지도 않은 아주 작은 꽃들을 피우고 있었다. 너무도 흔한 풀이였기에 알아볼 생각도 안 했나 보다.

"글쎄, 아주 흔한 풀인데 이름을 모르겠네."

가지 끝에선 작은 꽃들이 지면서 솜털처럼 부풀기 시작했다.

망초는 봄에 새싹이 나기도 하지만, 해넘이 한해살이 풀로 이른 봄, 월동을 한 망초에서 파랗게 잎이 올라온다.

어린 망초는 나물로 먹는다는데, 우리는 잡초로 씨름하던 풀이라서 입에 대기도 싫었던 모양이다. 한 번도 봄나물로 밥상에 오른 적이 없었다.

흔하면 가치를 인정받지 못하고, 도매금으로 넘어간다고 하더니, 아무리 그렇다 해도 망촛대, 망촛대 하던 풀인데, 저러한 모습으로 자라 꽃을 피우다니....

그동안 무심히 스쳤던 풀, 작은 나무 모양을 한 잡초 이름을 그제야 처음으로 찾아보았다. 망초였다. 아니, 그 풀이 이른 봄부터 밭에 널려있던 망초인 줄을 누가 알았을까?

천변만화한다는 자연이지만 아직도 멀었다. 무얼 안다고 떠들까? 장님, 코끼리 다리 만지기가 어디 이뿐이겠는가!

70. 뜻밖의 '지황'을 만나다

지황의 뿌리를 쪄서 말린 검은색 한약재가 바로 숙지황이다.

천동초등학교에 있을 때 차양막 아래 예사롭지 않은 식물이 자라고 있었다. 내가 보지 못했던 풀이라 혹시나 하여 뽑지 않고 김 주사에게 물었다.

"김 주사님, 식당가는 차양막 아래 무슨 풀인지 몇 포기 나던데 혹시 아세요?"

김 주사 대답이

"글쎄 무슨 약초라 하던데, 그전부터 거기서 자라네요."

그곳은 비도 맞지 못하여 흙이 뽀송뽀송한데 신통하게도 깨끗하게 자랐다. 부석사 조사당의 처마 밑에 비를 맞지 않고도 아직 그대로 살아있는 의상 대사의 골담초가 생각나게 한다.

여름이 되니 그곳에서 꽃이 폈다. 반갑고도 기특했다. 어디에서도 보지 못한 귀하게 생긴 꽃이다.

꽃잎 안쪽이 주홍빛에 좁고 긴 초롱 모양인데, 밖에는 흰 털이 보송보송하다. 좀 작지만 오동나무 꽃과 비슷했다. 모르는 알에서 새가 깨어 나오듯 설렜다.

꽃이 피니 식물도감에서 찾을 수 있었다. 지황이다.

대발견처럼 기쁘다. 누가 이곳에 지황을 심은 걸까? 보혈 한약재로 쓰이는 숙지황의 지황초라니…….

지금도 지황이 그곳에서 잘 자라고 있길 바라는 마음이다.

71. 고향친구 백일홍

백일을 핀다 하여 백일홍이란다. 너는 특별한 향기도 없고, 부드러운 꽃잎도 아니지만, 예로부터 꽃밭의 터줏대감처럼 자리를 지켰지.

척박한 땅에서도 잘 자라며, 강렬한 빛과 굳센 모습으로 서리가 올 때까지 피고 지고 다시 피며 꽃밭을 빛나게 했단다.

그런 강인함은 촌부의 소박함과 인내심을 닮았고, 그래서 시골집과 더욱 어울리는 꽃이었지.

너의 강렬한 빨강, 노랑, 주황 꽃잎도 매력적이지만, 자줏빛 볼록 솟은 꽃술 대 위에 빙 둘러 핀, 꽃 속의 꽃! 네 갈래의 너무나 깜찍한 샛노란 꽃술들을 들여다보고 있노라면, 그 신비함과 완벽함에 빠져들지 않을 수 없단다.

원래 너는 멕시코가 원산지로 야생화였는데, 화훼가들의 꾸준한 연구와 개량으로 각양각색의 꽃으로 피어나 세계적으로 사랑받고 있대.

네가 땅을 뚫고 떡잎이 올라올 땐 얼마나 설렜는지…….

아! 고향 친구 같은 꽃, 정겨운 백일홍!

백일홍

72. 양가집 규수 부용

출근길 양쪽으로 부용이 만발한다. 꽃과 이름이 정말 잘 어울린다. 후덕한 양갓집 규수 같은 꽃이다.

아침부터 더운 여름을 시원하게 하며, 출근길은 덩달아 상쾌해진다. 가로수나 가로화가 왜 필요한지 알 것 같다.

꽃은 문화다. 도시를 가꾸고, 집안을 가꾸는데 꽃이 빠지질 않는다. 그러나 보기 좋은 꽃도 마음이나 시간적, 경제적 여유가 없다면 가꾸기가 쉽지 않을 것이다.

그러면서도 사람들은 망중한처럼 꽃을 감상하고, 가꾸면서 마음의 여유와 위안을 찾는다.

언제부턴가 우리나라 방방곡곡 꽃이 없는 길도 없고, 마을도 없다. 문화 수준의 부상이라 할까?

그 작은 생명들은 사람의 마음을 움직이게 한다.

73. 새언니의 프리지어

프리지어 하면 그윽하고, 청초한 모습을 떠올린다.

내게 프리지어가 감동으로 다가온 것은 큰 오빠가 결혼하는 날이었다.

새언니가 하얀 드레스에 아이보리 프리지어 화관을 쓰고, 프리지어 부케를 들고 입장했다.

정말 우아하면서도 청아한 모습이다.

새언니 모습과도 딱 맞았다. 벌써 40여 년이 지났으니 그때만 해도 보기 드문 생화관이요, 새언니 안목을 알만 했다.

그 후 나는 프리지어 신부를 그려 큰 올케에게 선물을 했다.

74. 절정화 석산(꽃무릇)

10여 년 전 오빠의 집 정원 소나무 밑에 석산을 가득 심어 우리를 놀라게 했었다.

타는 듯한 붉은 꽃이 꼭 중국 무협에 나오는 절정화를 연상케 한다. 생긴 모습도 예사 꽃이 아니다.

요즘엔 불갑사의 석산이 유명하여 추석 즈음에는 자동차 들어가기도 힘들다고 한다.

선운사도 용천사도 절마다 꽃무릇이 만발한다는데, 숲에서도 잘 자라고 꽃도 아름다워 절에서 가꾸기 좋은 꽃이리라.

그런데 나의 느낌처럼 세속의 정을 끊는 절정화라면 더욱 사찰에 잘 어울리는 꽃이 아닐까?

무협에서는 절정화 가시에 찔리면 사랑하는 이는 참을 수 없는 고통에 시달렸다. 정을 끊는다 하여 절정화라 했다.

'아 참, 이런 일이! 석산의 또 다른 이름이 상사화라지? 맞아, 잎과 꽃이 만나지 못하는 꽃이라-이런 우연도 있네'

75. 지칭개

아이들 사이에선 '미칭개' 로 불렀다.

어린 마음에 '미친 풀인가? 하여 그 나물을 멀리했다. 어머니도 그것을 나물이라 하신 적은 없다.

풀 모습도 왠지 억세 보이고, 색도 흰빛이 도는 녹색이라서 먹는 나물이라 해도 뜯지 않았을 것이다. 그런 풀이 밭에 많이도 자란다.

가시는 없지만 엉겅퀴를 닮은 연보랏빛 꽃이 피는데, 뿌리 잎이 그대로 남아있어 지칭개 꽃은 알고 있었다.

도감에서 찾아보니 정식 명칭은 '지칭개' 이고 쓴맛이 나는데 어린순은 나물로 묻혀먹거나, 된장국을 끓인다고 한다.

그 흔한 소리쟁이 역시 소만 먹는 줄 알았는데, 먹는 나물이라 하여 몇 년 전에 연한 풀로 골라 뜯어왔다. 데쳐서 무쳐보니 미역처럼 미끄럽고 신맛이 났다. 지인은 된장으로 국을 끓이면 별미라고 한다.

다음에 지칭개나 소리쟁이를 만나면 된장국을 끓여봐야겠다.

76. 멋쟁이 풀 반하와 천남성

선장 초등학교에 근무할 때다. 가정방문을 위해 논둑길을 걷는데 묘한 풀이 보였다.

학교에 돌아와 도감을 찾으니 '반하' 라고 나왔다. 천남성과로 구근은 한약재에 쓰이며 독성이 있다고 한다.

반하는 생김새가 독특하고 빼어나서 논둑 다른 풀들과 어울리지 않았다.

꽃대가 엄청 멋을 부리며 올라왔다. 꼭 흑두루미가 목을 빼고 먼 산을 바라보는 형상이다.

봄, 산에서 눈길을 끄는 천남성과 닮았다. 천남성 꽃 역시 속내를 보이지 않는 내숭형이자 멋쟁이 풀이 아닌가!

천남성도 독성이 있고 구근은 한약재로 쓰인다고 한다. 가을엔 선홍빛 새빨간 열매로 새들을 유인해 번식한다니 자연에도 각기 살아가는 법칙이 있나 보다.

지금도 아쉬운 것이 반하는 처음 보는 식물이었는데도 그 모습을 자세히 관찰하지 못한 것이다. 그 풀이 자라는 환경이 따로 있는지 그 후론 어디서고 만난 적이 없다. '다음은 없다' 는 말이 꼭 맞는 것 같다.

내년 봄엔 천남성을 만나면 은밀한 꽃 속까지 들여다봐야겠다. 참 특이한 꽃인데도 독성이 있다고 해서인지 자세히 관찰해 본 적이 없다.

77. 피나물(노랑매미꽃)

봄에 안성의 서운산을 오르다 노랗게 핀 예쁜 꽃을 보았다. 좀 더 오르니 계곡 옆으로 무리 지어 피어있다. 얘가 혹시 피나물인가? 어쩐지 노랑매미꽃이란 이름과 어울렸다. 그러나 아직 실물을 보지 못한 터라, 노랑매미꽃이 이렇게 크지는 않을 거라고 생각했다. 왜냐면 도감에서 그 꽃을 애기똥풀 꽃과 비슷하게 보았기 때문이다.

카메라에 담아 집에 와서 도감을 찾아보았다. 꽃잎도 4장 맞고, 잎 모양도 같았다. 깊은 산의 습지에 번식한다고 했다. 정말 오랜만에 피나물을 만난 것이다. 이름처럼 꺾으면 황적색 유액이 나온다는데, 아까 산에서는 겨울을 이겨내고 예쁜 꽃을 피워낸 작은 생명이 너무나 대견해서 감히 꺾어 볼 용기가 나지 않았다.

식물도 생육환경에 따라 번식하기 때문에 들과 산에서 자란다고 해도 어디서나 볼 수 있는 것은 아니다. 산엘 많이 다녔어도, 만나지 못해 늘 궁금했던 피나물인데, 오늘 서운산의 노랑매미꽃은 내게 고마움과 행복을 주었다.

봄에 나는 어린순은 대부분 식용이 가능하다고 한

다. 그러나 피나물처럼 이름자 뒤에 나물이 붙어있는데도, 독성이 있어 먹지 않는 나물들이 있다. '나물' 자가 붙었는데 못 먹는 나물에는 곰취 잎을 닮은 동의나물, 우산나물을 닮은 삿갓나물, 피나물, 젓가락나물, 놋젓가락나물 등이 있다. 이 나물들은 유독 식물로 식용을 피하는데, 식용으로 할 때는 잘 삶아서 충분히 독을 우려내야 한다고 한다.

피나물

그밖에 명이나물을 닮은 박새, 당귀를 닮은 개구릿대, 천남성, 미치광이풀, 여로 역시 독성이 강해 먹으면 위험하다고 한다. 대부분 독초는 꺾었을 때 유액이 노랑, 분홍, 황토, 붉은색 등의 색깔을 띠며, 불쾌하거나 역한 냄새가 나기도 한다. 그러나 독성이 강한 풀도 한방에서는 좋은 약재로 쓰이고 있으니 이 또한 자연의 조화가 아닌가!

78. 재래종 목련(개목련)

오-오-내 사-랑, 목련화-야,

누가 목련을 사랑하지 않을까! 누구에게나 사랑받을 만큼 우아한 꽃이다. 향기 또한 수려하고 정숙한 자신의 모습을 닮았고, 나뭇잎도 꽃처럼 깨끗하고 깔끔하다.

내가 처음 목련을 대한 것은 중학교 입학 후이다.

개나리가 만개할 때쯤, 학교 교문을 나서서 큰길가로 나오면 어느 집 담장 너머 큰 나무에 하얀 꽃이 핀다. 잎이 없는 가지에 매달린 꽃들은 하얀 종이꽃 같았다. 가까이 볼 수 없으니 모양도 제대로 알 수 없고, 너풀너풀 피어있는 모습이 어딘지 건조하고 메마른 분위기였다. 예쁜 것 같지는 않았지만, 그래도 우리는 알 수 없는 그 꽃을 유심히 바라보며 조잘거렸다.

2004년쯤에 오빠는 목천 땅에 백목련, 자목련, 황목련, 개목련등 종류별로 목련을 심었다. 여러 목련 중에 그때 보았던 꽃이 바로 개목련이라 부르는 우리나라 재래종 목련이었다는 것을 알았다. 재래종 목련은 우리가 흔히 보는 백목련처럼 우아하지도 않고, 꽃잎도 밑으로 처져 깔끔한 맛도 덜하지만, 오빠는 우리나라 토종 목련이라고 귀하게 여겼다.

대부분의 사람들은 재래종보다는 기능, 모양, 맛, 품종, 생산적인 면에서도 업그레이드된 개량종이나 외래종을 선호한다. 보기 좋고, 편리하고, 기능도 우수하니 발전에 따르는 자연스러운 현상이다. 마냥 재래종을 고집할 수는 없다.

그러나 그들이 지켜온 위치나 가치를 확고하게 보존해야 할 이유는 있다고 생각한다. 재래종은 예부터 이 땅을 지켜왔고, 밑바탕이 되어 우리의 문화를 이끌어온 것이 아닌가? 또한 그것들은 우리가 후손에게 물려줘야 할 종자이며 개량하고 개발해야 할 씨앗이 되기 때문이다.

그래도 재래종을 찾아내고, 그것을 지키기 위한 노력을 하는 이들이 있어 안심이 되고 고마운 일이다.

여기서 재래종이라 표현을 했지만, 재래종이란 동식물을 비롯, 생활양식, 전통문화 등을 통틀어 말한 것으로 보면 된다.

가끔은 세상 편리한 아파트보다 장독대에선 장이

익어 가고, 하얀 장지문 사이로 시원한 바람이 통하는 운치 있는 대청마루가 그립다. 동서양이 합쳐진 퓨전음식보다는 어릴 때 어머니가 해주던 전통음식이 먹고 싶어진다. 그 시절 꽃밭에서 보았던 재래종 백합이나 채송화도 보고 싶다.

세월이 흘러도 토종에 대한 향수는 유전자처럼 사라지지 않을 거라 생각한다.

79. 카네이션

어버이날 부모님 산소를 찾은 정옥이는 꽃집에서 카네이션 화분을 샀다.

절을 올리고 화분의 꽃을 쏟아 산소 앞에 심어드렸다. 자식마다 그렇게 심은 꽃들이 살아서 다음 해에 또 피고 진다.

수국, 동백, 카네이션, 국화, 장미, 함박 등등, 정옥이도 어머니를 닮아 꽃 기르기를 좋아하고, 늘 식물을 기를 수 있는 전원주택을 꿈꾼다.

그 동생의 꿈이 이루어지길 빈다.

그날 내게 사준 빨간 제라늄이 베란다에서 다투어 꽃을 피운다.

80. 순간의 선택, 호접난

양난이 오래간다는 것은 알지만, 이렇게 오래가는 난은 처음이다. 내가 안성으로 이사한다는 소식을 듣고, 본가에 들렀던 남동생 상돈이 꽃을 사서 꽃집에 맡겨놓고 간 화분이다.

꽃집에 들르니 내 꽃이라고 주인아주머니가 내놓는다. 왠지 눈에 확 들어오지 않았다. 아주 연한 핑크꽃에 자줏빛 입술의 호접난이었다.

다른 화분으로 바꿔도 된다 하기에 화려한 자줏빛 난으로 골랐다가, '아니지 그래도 동생이 고른 것인데' 하고 생각을 바꿔 다시 원래대로 그 히끄레한 난을 가져왔다.

그런데 이게 웬일인가? 이 양난이 진국이었다. 순간의 선택이 평생 간다는 말이 생각나게 했다. 내 집에 와서 3개월간 꽃송이를 다 피우고, 아직도 싱싱한 꽃, 수수하면서도 볼수록 초연한 아름다움이 우러나고 있다. 우리의 선택은 순간이다. 그 순간이 일생을 좌우하기도 한다. 겉모습만 보고, 당장 입맛에 맞는다고 선택하는 경우가 어디 이뿐이겠는가!

81. 행운의 행운목

행운을 가져다주는 나무라고 한때는 집집마다 행운목을 심었다. 어느 날 작은 올케한테 전화가 왔다. 우리 집에 행운목에서 꽃이 피었다고– 이 꽃, 보기 힘든 꽃이니 와서 보라고 한다. 이 꽃을 보면 행운이 찾아올 거라면서…. 어쨌든 반가운 일이다. 행운을 마다할 사람이 어디 있으랴. 축하한다고 인사는 했지만, 고마운 생각이 들었다. 서로가 행운을 나누어 가질 수 있다면 얼마나 좋을까! 그러나 그 행운이 때로는 불행을 가져오기도 한다. 흔한 예로 복권 당첨자가 행운은 잡았지만, 불행으로 이어지는 일은 뉴스에서도 종종 접하지 않는가?

행운의 꽃을 보러 오빠네 현관문을 들어서니 과연 행운이 가득했다. 꽃향기는 집안의 모든 근심 걱정을 몰아내는 듯했다. '이 상서로운 기운이 집안에 행운을 가져다줄만하구나. 진정 행운목이라 불리는 이유를 알겠어' 그 이유인지는 모르나 그 후 손녀도 얻고 일도 잘 풀려 '행운화의 덕이 있는가 보다' 생각도 했다.

82. 방울토마토

막내 여동생 명옥은 울산에 산다. 아파트 베란다가 넓어 식물이 가득하다.

누군가 자기는 과일을 먹고 씨앗만 버려도 마당에서 싹이 튼다고 하더니, 명옥이 그런가 보다.

씨앗을 화분에 심기만 하면 싹이 나서 잘 자란다고– 어느 날 알 수 없는 싹이 나오기에 궁금해 뽑아보니 망고 씨앗이 따라 나오질 않나, 커피콩을 심었더니 이렇게 자랐다고 무성한 사진을 보내왔다.

어제는 아보카도도 심었는데 어떤 싹이 날까 기대된다고….

화분에 핀 호박 달린 호박 꽃 사진도 보내오고, 방울토마토 따러 오라고 사진과 문자도 온다.

얼마 후 앙증맞게 매달렸던 방울토마토가 익었느냐고 물어보니, 바로 옆집에 4살배기 꼬마가 있는데, 자기가 따기 너무 아까워 그 꼬마를 불렀단다.

그 아이가 손으로 체험하고 자연의 신기함을 느끼도록 배려를 한 것 같다. 삶의 아름다운 한 조각이다. 이 또한 행복과 기쁨이 배가되는 일 아닌가!

방울토마토

83. 참깨 꽃

"어머! 웬 봉숭아꽃이 저렇게 많아요?"

서울서 온 은희 언니의 탄성이다.

은희 언니는 큰 오빠가 가장 아끼는 후배, 승원 오빠의 여자 친구이다.

아버지 생신이 한여름 중복 즈음인데, 축하 인사차 처음 우리 집을 방문했다. 큰 오빠는 막 결혼을 하고 직장에 다닐 때다.

점심을 먹고 참외 원두막에 갔는데, 참외 밭 옆에 참깨 꽃이 한창이었다. 그러고 보니 참깨의 꽃이나 잎이 연분홍 봉숭아를 닮기도 했다.

그때 언니의 물음이 너무도 우습고 황당했지만, 우리는 폭소를 터뜨리고 귀여운 애교로 봐주었다. 서울에서만 자랐으니 그럴 법도 하다.

우리가 어찌 다 알고 살랴마는 세상, 야무지고 똑똑한 언니도 모르면 모르는 것이다.

태어날 때부터 다 알고 나오는 이는 없으니…. 은희 언니도 그 일을 기억하고 있을까?

오늘 이 글을 쓰면서 그 언니가 입고 온 화려한 꽃무늬 원피스가 생각난다.

84. 어머니의 냄새 '들깨'

들깨가 여무는 가을이면 어머니 냄새가 그립다.

학교에서 돌아오면 집안은 텅 비어있다.

담장을 돌아 우리가 놀던 사과나무 뒤에는 주인 없는 묵묘가 있는데, 양지바른 곳이라 봄이 되면 아버지는 그 앞에 온상을 만들고, 가을엔 콩대나 들깨, 참깨 다발을 말리신다.

툭툭 소리를 따라 담장을 돌아가면 가을 냄새가 진동을 한다.

머리에 하얀 수건과, 하얀 앞치마를 두르신 어머니의 한결같은 모습이 보인다.

들깨 향은 어머니 향이다. 깊어가는 가을, 가슴으로 파고드는 들깨 향속에 깨를 터시던 어머니의 하얀 모습을 잊을 수 없다.

85. '금계국' 동산

6월이면 요즘엔 사방천지가 노란 금계국 밭이다.

2009년 천안 천동초등학교에 교장 발령이 났다.

5월이 되자 울타리 언덕 밑으로 하나, 둘 노란 꽃이 피기 시작했다.

천동초교는 금계국이 피는 아름다운 학교로 이미 이름이 나있었다. 나의 전임이시던 한 교장 선생님의 작품일 게다.

그러니 학생들 졸업사진에서 금계국 동산이 빠질 리 없다. 그들에게도 금처럼 반짝이는 추억이 담긴 꽃밭이려니…….

유치원부터 6학년까지 담임들은 꽃들의 절정기를 놓치지 않으려고 학생들을 데리고 나와 셔터를 눌러댄다. 금계국처럼 환한 천동의 웃음소리가 오뉴월 교정에 퍼져 나간다.

꽃은 아름답다. 꽃을 닮은 아이들도 아름답다. 아름다운 마음들이 모여 또 꽃을 가꾼다.

금계국

86. 쥐똥나무와 노린재나무

쥐똥나무는 열매가 쥐똥처럼 까맣고, 타원형이나 둥근형이다. 요즘은 길가에 낮은 울타리로 가꾸어 흔히 볼 수 있다.

봄, 길을 가다가 '응? 이게 무슨 향이지?' 하고 둘러보면 잘 다듬어진 나무에서 하얀 꽃이 피고 있는 것을 볼 수 있다. 이 정도가 내가 아는 쥐똥나무다.

몇 년 전 가을, 안성 서운산의 정상에서 좌성사 쪽으로 내려오는데, 석양을 받아 반짝이는 열매를 보았다. 신비하다는 표현이 너무나 적절하다.

우주 어느 행성에서 날아와 뿌리를 내린 나무 같았다. 열매가 짙은 청보라 빛인데, 형광색으로 빛을 발했다. 아! 감탄사가 절로 나온다.

'네가 누구니?'

키는 2미터 남짓 옆으로 가지를 번어 파라솔 형을 이루고 있다. 가만히 살펴보니 쥐똥나무였다.

모여서 울타리로 자란 것만 보았지 이렇게 단목으로 의젓하게 자란 나무는 처음 본다. 이리도 신비한 형광색을 내며 고운 열매를 맺은 것도 처음 보고, 열매 크기도 좀 더 컸다.

푸른 형광 빛은 어쩌면 석양 때문일지도 모른다. 내

가 맞는지 확실하게 알 수는 없었으나, 관목으로 나뭇잎과 열매 생김새가 쥐똥나무와 같고 쥐똥나무도 산에서 서식한다니 틀림이 없다. 그러나 쥐똥나무가 아니어도 좋다.

산길을 가다 이렇게 신기한 식물을 만나는 행운이 많지는 않다.

그날의 인연은 나와 그 나무만의 감격스럽고 비밀스러운 조우였으니까.

87. 알아낸 노린재나무

그러나 글을 쓰면서 확실하게 확인해야 했다. 그동안도 미심쩍어 가을에 그곳엘 가면 그 나무를 꼭 찾아보리라고 마음만 먹고 있었다.

쥐똥나무 열매는 광택 없이 검게 익는 것이 분명한데, 열매 크기는 그렇다 쳐도 남빛인 것이 아무래도 걸렸다. 짐작을 사실로 단정하는 잘못을 범할 수는 없다.

열심히 도감을 뒤지다 보니 노린재 나무라는 것을 찾아냈다. 같은 낙엽관목으로 나무 크기, 잎, 열매가 내가 본 그대로였다.

여러 가지가 쥐똥나무와도 비슷했으나, 다른 점은 노린재나무는 긴 타원형 나뭇잎의 양 끝이 쥐똥나무보다 뾰족하고, 잎 가장자리에 작은 톱니가 있으나 쥐똥나무 잎은 밋밋하다.

또, 쥐똥나무는 잎이 마주나는 반면, 노린재나무는 잎이 어긋난다. 열매도 크기나 달린 모습이 서로 비슷한데, 쥐똥나무는 둥근 타원형으로 검은색으로 익고, 노린재 열매는 타원형으로 남빛으로 익었다.

미리 알고 있으면 어려운 것이 없으나, 모르는 것을 알아가려면 쉬운 것이 하나도 없다. 독학이란 몇 배의 노력과 수고가 따른다. 그러나 궁하면 통한다더니 보이지 않던 것도 눈에 들어오고, 어설프게 알았던 것도 재확인해 보는 기회가 되었다.

88. 유 회장님 댁 '미국호두나무'

천안 성남초등학교에 근무할 때 이웃에 유 씨네가 살았다. 그분은 어릴 적 경험이 동기가 되어 지금도 큰 농장과 화원을 경영한다.

대부분 사람들에겐 인생을 좌우하는 계기나 동기가 있다. 주로 어린 시절 주변 가까이서 일어난다.

유 회장님은 6.25 전쟁 당시 미군 트럭에서 던져주는 호두 2알을 받았는데, 먹지 않고 집 마당 옆에 심었다.

그 호두는 중학 2년생의 정성에 감동했는지 무럭무럭 자라 지금은 거목이 되어 아직도 미국 호두를 맺고 있다.

호두나무를 길러낸 유 회장님은 그 후 식물에 관심이 많아져 지금도 일대에서 식물 박사로 알려지고 있다.

무심코 자기가 한 행동, 남에게 들은 한마디 칭찬, 누구에게 감동을 받거나, 보고, 듣고 한 우연한 인연에서도 인생의 길을 정하는 좌표가 된다.

나의 한마디가 어느 한 학생에게라도 동기가 되어 그 꿈을 이뤘다면 교사로 지나온 날이 조금은 부끄럽지 않을까? 반대로 내 한마디가 그들에게 상처로 남지 않았기를 바라는 마음도 간절할 뿐이다.

이제 고인이 되신 유 회장님 댁 호두나무를 생각하면서….

89. 연을 다한 '영산홍'

그룹전을 한다고 성환 초등학교 6학년 선생님들이 핑크와 흰색이 섞인 영산홍을 사왔다.

색이 곱기도 하지만, 이 꽃은 1년 내내 꽃을 피웠다. 그리고 그 뒤에도 27년을 넘게 사시사철 화사한 꽃이 피어 나를 기쁘게 했다.

한여름만 뜸하고 다시 꽃봉오리를 만들던 보기 드문 꽃이었다.

그러다 내가 다른 곳으로 이동을 하면서 내 아파트에 결혼한 조카가 살게 되었다.

처음엔 화분들을 잘 키우더니 아기를 낳고 키우면서 손이 덜 갔는지 20년 이상 키운 화분들이 하나씩 죽어가고 결국 그 신통했던 영산홍마저 갔다.

참으로 안타까운 일이었지만, 죽은 것은 살릴 수가 없다. 어차피 산 것은 죽게 마련이라고 미안해하는 조카며느리를 위로했다.

우리는 이렇게 가까이 있던 것들과 헤어지게 된다. 회자정리라 했다.

또, 이별에의 집착은 고통이라고 했다.

90. 매일골의 보리수

목천의 매일골 산마루에 외딴집 하나가 있다.

6월이면 보리수나무 2그루에 주렁주렁 열매가 익는다. 등산로 옆이라서 누구나 그곳으로 지나는 이들이면 빨간 열매를 따먹을 수 있다.

길가는 사람들을 위해 심어놓은 보리수 같았다. 별장 같은 그 집은 주인이 어쩌다 들리긴 하지만 열매를 따지 않는다.

우리를 보고는 얼마든지 따가라고 했다. 어느 해 가보니 가지가 너무 많이 꺾여 나갔다. 내가 봐도 안타까웠다.

나 역시 한두 가지 살짝 꺾어 보긴 했지만, 너도 나도 한가지 씩이 저처럼 안타까운 나무를 만들게 했을 것이다.

가지는 또 자라겠지만, 보리수를 보는 주인은 얼마나 씁쓸할까…….

91. 호두나무

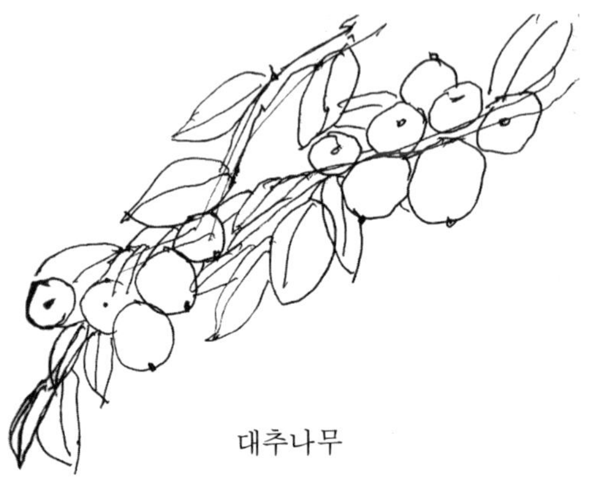
대추나무

호두 하면 생각나는 것은 성불사의 밤이다.

둘째 오빠가 대학 다니면서 4명의 여동생들을 데리고 안서리 성불사로 캠핑을 갔다. 아마도 동생들에게 좋은 추억거리를 만들어 주려는 대학생의 낭만이었을 게다.

성불사의 커다란 호두나무 밑에 텐트를 치고 잠을 잤다.

밤새 텐트 지붕 위로 우박이 떨어지는지, 큰 비가 쏟아지는지, 바람은 불고 우리는 꼭 붙어서 긴 밤을 보냈다.

아침에 나와 보니 땅은 말짱하고, 텐트 주변에는 온통 호두나무 잔가지와 새파란 열매가 널려 있었다.

텐트 지붕을 친 것은 태풍에 떨어진 요 녀석들이었다. 서로 얼굴을 쳐다보며 웃음 짓던 오빠와 동생들 가슴엔 지금도 파란 호두 열매가 영글어 갈 것이다.

92. 늑장이 대추 꽃

과일나무 중 가장 늦게 피는 꽃, 늦잠을 자다 다른 과일나무들이 꽃을 피울 때, 부랴부랴 일어나 잎을 틔우고, 6월이 시작되면서 겨우 꽃이 올라오는 대추나무, 꽃이 있는지 없는지 가까이 들여다보면 다닥다닥 연둣빛 작은 꽃들이 피어있다.

늦게 맺은 열매는 그래도 추석 차례상에 붉은빛을 띠고, 먹음직스럽게 오른다.

옛날엔 대추나무처럼 자손을 많이 보자고 대추나무를 울안에 심었다는데, 요즘은 대부분이 대추나무를 심을 수 없는 아파트라서 그런지 자손들도 귀하다. 손자 하나 보면 집안에 경사가 난다.

주렁주렁 대추 달린 모습만 봐도 공연히 기분이 좋아지는데, 귀한 손자 손녀를 얻으면 어디에 그 기쁨을 비할 수 있을까…….

93. 모과 찬미

과일 망신은 모과가 시킨다는 말이 있다. 그래서인지 지금이나 그때나 대부분 관상용으로 심을 뿐, 열매가 흔한 것은 아니다.

모과의 과일 망신이란 것이, 다른 과일처럼 단맛도 없고, 떫고 신맛만 강하며, 씹어 삼킬 수도 없고, 과일이 귀하던 시절, 아이들이나 입에 넣고 오만 상을 찡그리며 씹다 뱉는 과일이니 그런 말이 나올 법하다.

그러나 모과의 향기와 노란 빛깔은 어디에 내놔도 뒤지지 않을 것이다.

모양도 울퉁불퉁 운치가 있어 그림 소재로 그만이다. 모과 향은 가을을 깊게 해주고, 바구니에 담긴 모습은 누구에게나 사랑을 받는다.

또 추운 겨울 따끈한 차로 모과를 빼놓을 수 없다. 한약재로도 쓰이는 모과는 과일 망신을 시킨다지만 어느 과일 못지않게 그의 몫을 다하고 있는 셈이다.

이와 같이 모과만 해도 모과의 역할이 따로 있고, 사람마다 느끼는 취향과 보는 관점이 다르며 쓰이는 데가 따로 있으니, 누가 누구를 망신시킨다고 감히 말할 수 있을까….

94. 느릅나무

둘째 큰집 바깥마당엔 아름드리 느릅나무가 있었는데, 사촌들과 그 나무 아래 평상을 펴고 놀았다.

가을이 되면 느릅나무는 날개 달린 씨앗을 수없이 떨어뜨린다.

뱅그르르 돌며 떨어지는 느릅 씨앗을 받아 우리는 하늘에 날리고 또 날렸다.

요즘은 느릅나무 껍질이 성인병에 좋고 항암효과가 있다 하여 나무껍질을 벗겨가 나무가 죽고 만다. 차라리 한 가지만 쳐가면 죽지는 않을 텐데…….

어느 날, 할아버지 산소 옆에 자라던 느릅나무가 밑둥치만 남았다. 아예 베어갔다.

과연 그 효능이 좋아 병을 치료했다면 좋으련만…….

95. 왕잠자리와 골풀

골풀은 물가에 무더기로 자란다.

초여름부터 가늘고 기다란 골풀 잎 옆구리에 연녹갈색 꽃이 핀다.

이 골풀에 매달린 왕잠자리 애벌레에서는 이른 아침, 애벌레의 등을 가르고 애기 잠자리가 태어난다.

애벌레에서 나오며 거꾸로 매달린 신기한 모습, 아침 햇살을 받아 반짝이는 조그만 은빛 날개, 아기같이 여리디여린 애기왕잠자리, 연둣빛 구슬처럼 빛나는 커다란 두 눈, 파르스름 영롱한 가슴 빛, 갓 태어난 왕잠자리는 우주에서 온 곤충같이 신비롭기만 하다.

이렇게 막 태어난 애기잠자리는 7월의 등굣길, 저수지를 통과하는 악동들의 자랑스러운 전리품이 된다.

머슴애들은 훈장이나 단 듯이 우쭐거리며 학교로 향한다.

그 애기잠자리들은 아마도 시내 사는 반 아이들과 물물교환으로 쓰일 것이다.

아무것도 모르는 애기잠자리는 학교가 가까워 올 때까지 악동들의 가슴에 붙어 날개를 말리며 금방 금방 커간다.

저수지 물가에 자란 골풀의 이색적인 모습과 왕잠자리와의 만남, 악동들의 영상은 여름날 아침 골풀 끝에 매달려 반짝이는 이슬처럼 영롱하고 아련하다.

골풀은 방석이나 돗자리를 만드는 재료로 쓰이며, 우리가 어릴 때는 여치집이나 조리를 만드는 놀잇감으로 쓰였다.

96. 빨간 찔레꽃

큰집 대문 옆 울타리에는 늦봄이면 덩굴장미와 비슷한 빨간 찔레가 절정을 이룬다.

4학년 때 찔레꽃을 꺾어다 교실 화병에 꽂았다.

미술시간에 선생님께서 찔레꽃 화병을 그리라 했다. 찔레꽃은 꽃잎이 복잡하여 그리기가 까다로웠다.

선생님은 칠판 앞에 그림들을 세운 다음 '어느 그림이 잘 그린 것 같아요?' 반 학생들에게 물으신다.

아이들은 거의가 '반장 그림요.' 제창을 한다.

내가 보기엔 반장은 그림은 잘 그렸지만 찔레꽃이 아니었다. 진달래 모양의 5개 꽃잎에 색을 잘 칠했다.

선생님은 박선옥이 찔레꽃의 특징을 살려 잘 그렸다고 이유를 들어 설명하신다.

나에겐 잊지 못할 칭찬이었고, 장래 희망이 화가가 되는 동기가 되었지만 반장에겐 잊지 못할 억울함이나 창피가 되었을지 모른다.

이렇게 그림 감상을 한다고 평을 하는 것은 나도 교직에서 종종 있었다.

혹시나 반장처럼 어느 아이에게는 상처가 되기도 했을 시간이다.

서로 비교는 안 했지만, 나처럼 깊이 잊히지 않는

한마디 칭찬이나 상처를 주는 지적들이 그들의 필름 속에 남아 있을 것이다.

교단에 있는 동안 가끔은 찔레꽃이 주는 교훈이 스쳐갔다.

97. 히말라야의 향나무

히말라야 트레킹을 하다 보면 남체(3,440m)를 지나면서 소나무부터, 다음으로 전나무가 점점 사라지더니 끝으로 향나무만 드문드문 우뚝우뚝 서있다. 상록수들의 분포를 대강 볼 수 있는 광경이다.

루크라 공항(2,840m)에서 쿰부 히말라야 지역으로 오르다 보면 마을 앞이나 로지에 향나무 1그루씩은 볼 수 있는데, 그 이유를 알 것 같다.

향나무는 향이 난다 하여 붙여진 이름이고, 불교의식이나 제례 때 향불을 피우는 목재로 쓰였다.

향을 사르는 이유로 불교에서는 해탈향이라 하였고, 제례에서도 향을 살라 부정을 없애고, 정신을 맑게 하여 천지신명께 소원을 비는 의식으로 쓰였다고 한다.

쿰부 히말라야 지역의 로지 주인들은 이른 아침에 향나무 잔가지를 태우며 정성스레 주문을 왼다.

이 향나무의 상서로운 향과 연기로 악귀를 쫓거나 주변을 깨끗이 하여 하루가 무사하길 비는 염원일 것이다.

이곳 주민들은 거의가 고산에 적응을 잘 하는 티베

트계의 셰르파족으로 붓다를 섬기는 라마교도(티베트 불교)들이다. 이들이 향을 사르는 것도 우리가 제례 때 분향하는 이유와 같은 맥락이겠지만, 아침마다 향나무 가지를 태우며 불경을 외는 의식은 험한 산중 생활의 오랜 전통과 불교의식으로 굳혀진 관습으로 보인다.

나의 눈으로 본 모습은 이곳 삶의 한 부분이겠으나, 그들의 자연에 대한 숭배, 겸허하고 겸손한 마음, 변함없고 굳건한 신에 대한 믿음을 한눈에 느낄 수 있는 장면이었다.

이 소중하고 정성스러운 의식과 마음들은 히말라야를 찾는 이들에게도 전달되어 안전하고 무사한 산행으로 이어질 것이라고 믿는다.

* 쿰부 히말라야 지역 –카트만두 동쪽에 위치하며, 히말라야의 최고봉인 에베레스트를 중심으로 한 지역을 통틀어 말한다. 쿰부에서는 에베레스트, 칸첸중카, 로체, 마칼루, 초유등 8,000m 이상의 봉우리와 5,000m 이상의 많은 설산들을 트레킹 하면서 볼 수 있다.

98. 소나무 순

소나무 하면 내심 부끄럽기도 하고, 혼자 웃음이 나오기도 한다.

1976년 4월 1일, 예산 효창 초등학교에 발령이 났다. 효창 초등학교는 개교한지 몇 년 안 되어 뒷담 울타리로 심은 소나무들이 내 키를 조금 넘었다.

따뜻한 봄 일요일에 일직을 하게 되었는데, 뒤 울타리 쪽으로 돌아가니 송화가 지고 난 자리엔 소나무 순들이 쭉쭉 튼실하게 올라왔다.

그때는 요즘처럼 발효액이 유행하지 않았으나 술을 담는 사람들이 많았다. 솔 순이 좋다는 말은 들었겠다. '저 솔 순을 따서 술을 담아보자' 고 야트막한 소나무의 순을 꺾었다.

마침 알맞은 유리병도 있고 해서 소주를 사다가 자취방에서 솔주를 담았다.

다음날 월요일 직원회 시간에 교장선생님이 역정을 내신다.

"요즘 애들은 참말로 태슬궂네요. 아, 학교 소나무 순까지 다 잘라놓으니 정말 극성스러운 애들이예요."

얼굴이 화끈거린다. 그렇다고 '제가 그랬습니다.'

자백할 용기는 더욱 아니었다.

어찌 교사가, 그것도 학교 지키라고 세워놓은 일직 교사가 어느 것도 말이 안 되었다. 겨우 퇴근해 안집 아주머니에게 고백을 하면서, 양심의 가책을 실어 함께 배를 잡고 웃었다.

그 솔순주는 3년 가까이 유리병 안에서 양주처럼 발갛게 우러났다.

3년이 되어갈 무렵, 어머니께서 무릎이 아파 걷지를 못하셨다. 침도 소용이 없다고 하신다. 그런데 이 솔주가 효자 노릇을 했나 보다.

솔주가 관절염, 혈액순환에 좋다는 얘길 들었기에 얼른 어머니께 갖다 드렸다. 그리고 토요일 집에 가면 솔잎을 한 자루씩 따다가 자루 째 가마솥에 찐 다음 무릎에 찜질을 해드렸다.

무엇이 약이 되었는지는 모르지만 다행히도 어머니 무릎이 나으셨는데, 큰딸 정성과 솔잎찜질, 솔주 덕분이라고 말씀하신다. 내가 잘못은 했지만, 그래도 그 솔순주가 약이 되어 어머니 무릎을 낫게 했으니, 그나마 면죄부를 받은 셈이다.

'교장선생님, 죄송합니다.'

99. 어쩔꼬 칡덩굴

지금은 널린 게 칡덩굴이다. 자줏빛 칡꽃도 보기가 어렵지 않다.

초등학교 다닐 때만 해도 학교 앞에 앉아서 칡뿌리 잘라 파는 아저씨들, 칡뿌리 찾아 산을 헤매는 아이들, 산 밑 밭둑에 자란 칡덩굴을 찜 해놓고는 나의 칡이라고 흐뭇해했던 일들이 엊그제 같은데, 세상은 이렇게 변해간다.

칡이 그렇게 번식력이 강한 줄은 미처 몰랐다. 시골 길가에도, 들에도, 산에도, 보이는 게 칡덩굴이니 면사무소에선 칡덩굴 없애기에 머리가 아프다.

그동안은 사람들이 식용이든 가축 먹이든 필요에 의해 조절을 잘 해나간 셈이다. 그러나 칡의 포식자가 없어지니 칡덩굴은 나무고, 전신주고 타고 올라가 새로운 또 하나의 칡 나무를 만들고 있다.

칡덩굴에 덮인 나무들은 햇빛을 받지 못해 결국 죽고 만다. 그러니 칡을 끊어 주지 않으면 안 된다. 칡이 너무 번성하여 피해도 많고 고민거리가 생긴 것이다.

일화로 고려 시대 문장가 이규보 대감이 거미줄에 걸린 매미를 살려주자 옆에 있던 대감이 따지며 물었다. “같은 미물인데 거미는 어쩌라고 매미를 살려준단 말이오?"

이규보의 대답이 매미는 5덕을 갖춰, 매미의 머리 모양은 관을 쓴 선비 같고, 다른 곤충이나 곡물을 먹어 피해를 주지 않으며, 이슬로 배를 채우니 청렴하여 무슨 속셈이 있을 것이요, 집을 짓지 않으니 욕심이 없고, 떠날 때를 알아 떠나니 우리가 매미의 덕을 배워야 하는데, 어찌 살린다 하여 흠이 되겠냐고 대답했단다.

한 생각으론 우리가 그들의 생명을 어찌할 수는 없겠지만, 때로는 칡덩굴을 없애야 할 때가 있고, 매미를 살려줄 이유가 있기도 하다.

사람이 자연의 질서를 모두 관여할 수는 없지만, 그 근본이 그르지 않다면 더불어 살기 위해 교통정리를 하는 것도 불가피하다고 생각한다.

'근본을 알면 모든 것이 해결된다' 고 선인들은 말씀하셨다. '근본을 몰라서 고통과 갈등이 생긴다' 고-

근본을 알아야 세상 이치도 깨닫는다는 말씀이다. 또는 세상을 알려면 근본의 진리를 먼저 알아야 한다는 말씀일 게다.

100. 노란 동백꽃(생강나무)과 빨간 동백꽃

이른 봄, 노란 꽃이 피는 동백은 잎이나 가지를 자르면 생강 냄새가 나므로 생강나무라 한다.

사실, 중1 때 김유정의 '동백꽃'을 읽으면서 동백꽃이 봄에 산에서 피는 노란 꽃이라는 것만 알고 있었다.

내가 어릴 때는 산에 동백이라고 불리던 나무는 없었다.

우리 뒷동산의 나무 이름을 다 아는 것도 아니고, 어쩌면 내가 다니던 영역에 그 나무가 없었을 지도 모른다.

그러나 내가 알고 있던 동백꽃은 빨간색이었고, 사진에서도 빨간 꽃을 보았다. 그런데 왜, 소설 속의 동백꽃은 노란색일까? 어느 것이 정말 맞는 동백인지, 혼자서 궁금하고, 혼자만의 수수께끼였다. '소설가가 잘못 알았을까?'

대학 1학년 때 제주도로 수학여행을 가기 위해 목포에 도착했다. 나무 밑에 새빨간 통꽃들이 툭툭 떨어져 있는데, 꽃 모양이나 색의 조화가 너무나 매혹적이다. 바로 동백꽃이라 직감했다.

'춘희' 가 머리에 꽂으면 반하지 않을 남정네가 없을 법한 꽃이다.

진짜 동백꽃을 보자 또다시 머리가 혼란해졌지만, 아! 같은 이름의 꽃인가 보다. 동명이화? 산에 핀다는 노란 꽃은 산에 피니 '산동백' 이라 하자. 작가가 모르고 쓰진 않았겠지….

몇 년 후, 도감을 뒤지다 보니 소설에 나왔던 노란 꽃 동백은 생강나무였다.

동백은 강원도 지방에서 부르는 방언이라는 것도 알았다.

가을에 까만 씨앗을 맺고, 그 씨앗으로 기름을 짜며, 빨간 꽃 동백기름이 귀하던 중북부 지방에선 생강나무 씨의 기름을 동백기름 대용으로 썼다고 한다.

그래서 동백나무라 불렸다는 말이 있다. 잎보다 먼저 피는 생강나무 꽃은 꼭 산수유 꽃을 닮았다. 이렇게 성인이 돼서야 두 꽃의 수수께끼를 풀게 되었다.

사람은 죽을 때까지 배워야 한다더니, 잘 몰라서 오해도 하고, 실수도 하며 어리석음을 범하기도 한다.

101. 나의 자동차 사과나무

우리 집 뒤에는 사과나무 3그루가 있었다. 큰집 사과나무였다.

봄이 되면 하얗게 꽃을 피우고 우리의 자동차가 되어준다.

전지를 한 사과나무는 올라가 걸터앉기 아주 좋은 놀이터였다.

사촌들과 사과나무 운전석에 앉아 손님을 태우고 서울 부산을 마음대로 달리기도 했다.

제대로 익어 보지도 못하는 풋 사과는 왜 그리 맛이 좋은지!

6학년 때 담임선생님은, 너희가 어른이 되면 모두 자가용을 타고 다닐 시대가 온다고 하셨는데, 그 말씀은 적중했다.

지금 사과나무 운전석이 아닌 자가용 운전석에 앉아 어떤 것이 좋은지 생각해 본다.

102. 땅 두릅

뒷밭 언덕엔 땅 두릅이 자랐다. 아버지는 봄 내내 두릅을 따오신다. 아주 굵직하고, 향이 좋았다. 땅 두릅만 먹어봤던 내가 자라서 두릅이라고 먹어보면 어릴 때 먹던 맛이 아니었다. 그래서 아, 어릴 때 먹었던 두릅은 참두릅이고, 지금 먹는 이 두릅은 개두릅인가 보다 나름대로 생각했다.

부모님이 생존에 계실 때는 여쭤볼 생각도 안 했는데, 어느 날 궁금증이 풀렸다.

우리가 어릴 때 먹던 것은 땅 두릅이라고 오빠가 말했다.

싹이 올라올 때 밑 부분을 흙으로 덮으면 흰 부분이 길어지는데, 그때 흙을 제치고 잘라야 상품 가치가 높다고도 했다.

아버지가 그리도 좋아하시던 두릅나무 언덕은 고속도로가 나면서 흡수되었다.

아버지의 땀 밴 땅들과 우리가 살던 옛집은 인터체인지가 되어 지금도 혈류처럼 쉬지 않고 돌아간다.

103. 아버지의 옹굿 나물

할아버지와 아버지께서 좋아하시던 봄 뿌리 나물이다. 하얗고 굵직한 뿌리를 삶아서 고추장에 묻히면 밥상이 푸짐하다.

옹굿나물을 먹어보긴 했지만, 난 아직 그 식물을 보지 못했다. 시골에 자랐다고, 또 식물에 관심이 많다고, 다 아는 것이 아니다. 도시에서 자란 친구들보다 조금 더 알 것이다.

식물도감에서 찾아보니, 옹굿은 하얀 꽃에 잔잔한 취나물 꽃 같기도 했다. 흔한 야생초는 아닌가 보다. 하긴 그 식물을 모르니 내 옆에 피어있더라도 알 수 없을 것이다.

부모님께서 가시고 나니 누구한테 물어 사람도 없다. 대수롭지 않던 부분도 때로는 아주 중요할 때나 꼭 필요할 때가 온다.

무심히 스치거나, 잊고 지낸 일들, 용서받고 싶은 일들이 어느 순간, 돌이킬 수 없고, 다시 올 수 없다는 것을 깨달았을 때 아연해지고 가슴이 내려앉는다.

나의 부모님도 언젠가는 우리 곁을 떠나신다는 이치를 알면서도 사실로 받아들일 줄 몰랐다. 그날이 코앞에 들이밀 때 비로소 깨닫게 된다.

왜, 부모님이 곁에 계실 때는 가려운 곳을 긁어 드리지 못했을까? 왜, 부모님 마음을 헤아리지 못했을까? 왜, 나만을 생각했을까? 왜, 궁금한 것을 묻지 못했을까? 왜, 부모님 일을 무심히 지나쳤을까?

그러나 다시 되돌릴 수 없을 때 후회는 찾아오고, 일찍 하나 늦게 하나 아무 소용 없는 것이 또한 후회이다.

우리의 삶 대부분이 잘못과 후회의 연속이겠지만, 그래도 사람들은 잘못을 반성하고 후회하며, 지난 일들을 거울삼아 선업을 쌓으면서 살아간다고 생각한다. 그런 내일과 희망이 있어 오늘이 빛나지 않을까?

104. 이태리 포플러

펼쳐진 논 가운데는 이태리 포플러가 2그루 우뚝 서 있었다.

어느 봄날, 이 미루나무 이파리가 한창 반들거릴 때, 서산에 붉은 노을이 걸려있는데, 무엇인지에 이끌려 발길을 멈췄다.

둥근 원을 그린 그 커다란 나무에 동네 참새가 다 모여든 것 같았다. 아니, 온갖 새들이 모두 모여 향연을 여는 듯했다.

일본 여행 때 어느 지인이 들었다는 새벽 동산의 새소리가 그와 같았을까? 그는 열반의 소리요, 깨달음의 세계였다고 말하였다.

그 옛날 내가 미루나무에서 들었던 소리는 열반까지는 생각도 못했지만, 천상의 소리요, 행복의 화음이었다. 넋을 잃고 바라보던 기억이 새롭다.

105. 오동나무

우물로 가는 길에 커다란 오동나무 한 그루가 서 있었다.

가지 끝마다 층층이 보랏빛 꽃을 피워 어린아이 가슴을 설레게 한다.

따뜻한 봄날 촌 계집아이 오동나무 꽃그늘 아래서 꽃잎을 빤다. 꽃 꽁무니에서 나오는 꿀이 달콤하다.

어느 날 그 큰 나무는 사라지고, 손재주가 좋으셨던 큰할아버지는 안경집을 깎고 계셨다.

오동나무의 큰 둥치는 장사꾼이 사 갔다는 얘길 들었다.

자손이 없던 큰할아버지는 법 없이도 살 분이라 하셨는데, 언제나 쓸쓸해 보였다.

반질반질한 예쁜 안경집은 나의 꿈집처럼 할아버지 허리춤에서 달랑거렸다.

106. 박태기

우리는 밥풀 꽃이라 불렀다. 이른 봄, 마른 나뭇가지에 밥풀 같은 분홍 꽃들이 다닥다닥 피어난다. 장독대 옆에 자란 밥풀 나무는 봄의 전령사 같았다.

장독대에선 장이 익어가고, 장 익는 짭짤하고 달콤한 냄새와 박태기 꽃은 불가분 관계였다. 진분홍 밥풀 꽃이 밥이 되어 소꿉장 사금파리에 소복이 쌓일 때, 사촌 윤숙과 거울 소꿉장을 서로 가지려고 싸운 일이 딱 한 번 있는 것 같다.

네다섯 살 때쯤? 한 번도 싸운 일이 없었다던 우리도 거울 조각엔 양보를 안 했나 보다. 내가 기억하는 욕심의 시작이요, 힘겨루기의 시작일 것이다. 어쩌면 인간에게 잠재하는 탐진치의 싹이라 하겠다. 강자와 약자, 강국과 약국, 강국과 강국 사이 기술전쟁이든, 무역 전쟁이든, 핵 전쟁이든 전쟁은 어디서고 끊임없이 일어나고 있다.

아마도 이 쟁탈전은 영원할 것이다. 인류의 DNA가 바뀌지 않는 한…. 어떤 지인은 그렇지 않은 세상이 우주 어딘가에 꼭 존재할 것이며, 지구도 억겁 동안 윤회하며 덕을 쌓으면 평화의 세상이 된다고 하였다

107. 잊지 못 할 월계꽃

월계꽃! 핑크빛 너를 처음 본 순간 너는 공주님 같았단다. 내가 인형 드레스에 그리던 장미꽃 같았어.

너의 우아한 모습과 향기는 그동안 보아온 꽃들과는 차원이 달랐지.

숨을 멎게 하는 향기와 귀티 나는 네 모습은 보기만 해도 뭉클해졌어. 장미를 보기 전에 너와의 첫 만남이었지. 네가 핀 모습을 보기 위해 동네 사람들이 모였단다.

사람들은 너를 월계꽃이라 불렀어. 큰아버지께서 구해다 심은 꽃이었나 봐. 그 후 중학교 때 어느 집 마당에 핀 너와 똑같은 꽃을 한 번 보았고, 어디선가 한 번 더 만났는데, 그 후로는 너와 같은 월계꽃을 보지 못했어. 사실 장미와 월계를 딱히 구분할 수도 없었지만 말이야.

아직도 너의 향기, 너의 모습은 내 기억 속에 살아있단다. 중학교에 들어가니 슈베르트의 '월계꽃' 노래를 배우더라. 너를 본 듯 반가웠지.

108. 벚나무

흔치않던 벚나무가 큰집엔 2그루 있었다.

아름드리 큰 나무는 언제나 우리의 놀이터가 돼주었다.

벚나무 껍질의 갈라진 틈으로는 나무진이 많이도 흘러내린다.

쉴 새 없이 오르내리는 개미들이 그 진속에 묻힐까 관찰도 해보지만, 개미들은 잘도 피해 다녔다.

오빠들 하는 말이 생각났기 때문이다.

곤충이나 개미가 송진 속에 묻혀 땅속에서 오랜 세월이 흐르면 화석이 되고, 그 화석으로 할아버지 조끼에 달린 호박 단추나 호박 반지를 만든다고 했다.

이 벚나무 진에도 개미가 들어가서 땅속에 묻히면 긴 세월이 지나 호박이 될 거라는 꿈도 꿔봤다.

그러나 뭐니 뭐니 해도 벚나무는 벚꽃이다.

그 커다란 나무가 새하얀 꽃 덩어리가 될 때면 나도 함께 아지랑이가 된다.

내 조그만 가슴에 담기에는 너무나 벅찼지만, 은은한 꽃향기와 함께 동심도 자랐다.

가지마다 울렁이도록 눈부신 꽃이 필 때 우리는 나

무에 올라가 꽃가지를 꺾는다. 내일 아침 등굣길을 기다리면서….

꽃이 되어 교실 문을 여는 나는 언제나 쑥스럽고 콩닥거렸다.

벚꽃

109. 밤나무

밤 꽃 피는 유월,

야릇한 밤꽃 향에 뻐꾸기의 애절한 울음이 배어 나온다.

하얗게 핀 밤꽃 동산에 뻐꾸기는 아침부터 저녁까지 혼자서 울어 대고,

들에서 일하는 농부들의 일손을 안타깝게 한다.

긴 하루 해 서산에 걸칠 때면 막막하던 뻐꾸기의 울음은 사라지고, 밤꽃 향기가 온 마을을 덮는다.

6월, 목천 농장 가는 길에 송전리 산을 하얗게 뒤덮고 있는 밤나무 숲을 지났다.

어머니께서 말씀하신다.

옛날엔 밤송이를 따서 겨드랑이에 끼고 눌러보아 밤송이 가시가 안 찌르면 아직 모심기가 늦지 않음이고, 찌르면 모심기가 지난 것을 알았다고 하셨다.

저렇게 밤꽃이 하얗게 피어있는데, 언제 밤송이가 열려 모내기가 늦었는지, 안 늦었는지를 점치겠는가?

이미 논마다 벼들이 새파랗게 자라고 있는데…….

그러나 그렇게 늦게까지 모를 심어도 쌀을 수확할 수 있었나 보다.

하긴 우리가 초등학교 다닐 때는 6월 15일이 농번기 공휴일이었다.

요즘은 5월 중순이 농번기라니 모내기철이 한 달이나 빨라진 셈이다.

지금은 밤송이 가시로 모내기의 마지막 시기를 알아보는 이는 없겠지만, 이처럼 오랜 경험에서 얻은 농부들의 지혜는 늘 자연과 함께 했던 농경사회의 슬기로운 단면을 엿볼 수 있는 예이기도 했다.

어머니 말씀을 들으며 왠지 격세지감을 느끼면서도 다시 들을 수 없는 정감으로 다가온다.

110. 골담초

어릴 때부터 골담초는 어머니 꽃으로 입력이 되어 있다.

무슨 연유에선지 특별한 이유도 없이 그렇게 생각해 왔다.

골담초는 장독대 오른쪽 도로 담 밑에 한 그루가 있었는데, 가시도 있었지만, 장 냄새 장독대, 돌담 밑, 모든 것이 어머니만의 세계처럼 느껴졌다.

유독 어머니가 아끼기도 하셨지만...

골담초 꽃과 여행을 떠나면 어머니를 만날지 모른다.

어느 별에서 골담초를 키우고 있을지도 모를 어린 왕자의 장미도 만나고, 바오밥도 만날까? 모모의 거북이와 꽃도 만날 거야.

111. 어린 날의 향수 등나무

큰집은 앞마당에 등나무가 천정을 이룬다. 봄이면 천정 아래로 주렁주렁 등꽃이 열려 황홀한 향기를 내 품는다.

그 아름다운 보랏빛 꽃송이들은 우리를 모여들게 했다. 싹이 올라올 땐 연한 줄기를 꺾어 먹기도 했는데, 뜹뜰하지만 배틀한 맛이 있다. 칡 순 맛과 조금 비슷하다 할까?

꽃이 피면서부터 등나무는 가득 그늘을 만든다. 등꽃 그늘 아래 멍석을 깔고 누워 꽃향기에 취해 노래도 부르고, 공기놀이도 하면서, 심심해지면 다람쥐처럼 등나무 천정 위로 올라가 점프를 하면서 놀기도 했다.

우리의 놀이터는 주로 나무였으니, 나무는 미끄럼틀이요, 늑목이요, 시소요, 그네요, 자동차가 되었다. 떨어진다, 위험하다, 벌레가 있다, 나무가 부러진다, 말리는 이도 없었고, 크게 다친 애들도 없었다.

나무는 마냥 좋은 놀이친구였다. 그중에 등꽃 천정은 꿈결처럼 아름답고, 재미나며, 잊지 못할 놀이터로 한구석 가슴에 남아있다.

112. 앵두나무

모내기가 한창이면 앵두가 빨갛게 익는다. 산 너머 외딴 터인 우수네 집엔 커다란 앵두나무가 2그루가 있다. 꼭 앵두 사탕처럼 열매가 빨갛게 매달려 보기도 좋았다.

이른 봄 논갈이를 할 때쯤엔 참을 내 가시는 어머니를 따라 그 집 앞을 지나간다. 앵두꽃 2그루가 절정을 이룰 때는 지나가는 어린 눈에 현기증을 일게 한다. 나도 크면 꼭 앵두나무를 심겠다고 생각했다. 중학교 때는 친구들과 그 집에 가서 앵두도 사 먹었다.

3남매가 함께 목천에 땅을 조금 샀는데, 그곳에 갖가지 나무를 심었다.

내가 좋아하는 앵두나무를 비롯해 오빠가 좋아하는 나무와 꽃들이 백여 종이 넘는다.

수목원을 만들어 유치원생을 비롯해 무료 개방하여 사회에 환원하겠다고 꿈꾸던 오라비는 아직도 집을 짓지 못하고 수십 종 나무들만 우거져 간다.

올해도 앵두는 혼자서 빨갛게 익어 갔을 테다.

113. 동화 속 살구꽃

앞의 애기똥풀 꽃이 피는 집엔 동네에서 유일하게 살구나무가 한그루 있었다.

이상야릇한 냄새가 나던 그 집 뜰엔 봄이 오면 살구나무가 동화처럼 꽃을 피운다.

그 앞을 지나 학교를 오가던 아이들에게도 아지랑이 같은 향수의 꽃나무로 심어졌을 것이다.

몇 년 전 텃밭에 살구나무를 비롯해, 매화, 자두, 복숭아 묘목을 사다 심었다.

봄이 되면 예쁘게 꽃도 피고 달콤한 열매도 맺는다. 그러나 어릴 적 그 집 울안에서 몽롱하게 빛나던 살구꽃 감동은 아니다. 아니, 살구꽃은 그대로겠지만, 꽃을 바라보기만 해도 알 수 없이 설레었던 감성들이 세월과 함께 퇴색해 가나 보다.

어쩔 수 없는 세월의 탓이겠지만 때로는 안타까움이 인다. 그러나 그 옛날 생생하게 각인된 까만 가지 위의 연분홍 살구꽃은 지금까지 안개처럼 피어오른다.

114. 뱀딸기

앞에서 말한 길가의 살구나무집은 주변이 습해서인지 바로 옆 논둑에 뱀딸기가 많았다.

초록과 빨강의 조화는 그 누구도 못 따라올 강렬한 대비로 눈을 끌어들인다.

정말 너무 예뻐서 맛도 보고 싶고, 갖고도 싶은 열매였다. 그러나 이름이 뱀딸기이니 뱀이 먹는 딸기라고 아무도 따먹는 아이들이 없었다.

독성이 있는 꽃이나 열매는 독버섯처럼 화려하다는 말도 들었다. 그러나 뱀딸기 열매는 식용할 수 있다고 한다.

얼마 전엔 뱀딸기가 암 치료에 좋다고 찾으러 다니는 이들을 보았다.

뱀딸기 전초는 예로부터 항암, 항염, 해독작용에 효과가 있어 약재로 쓰였다고 한다.

흔한 말로 개똥도 약에 쓰인다니, 이 세상 만물이 그 자리에 존재하는 이유를 우리가 어찌 다 알 수 있으랴!

뱀딸기

115. 그날의 광대나물(광주리 나물)

어느 해 봄이었지? 여행을 하다가 시골 마을 도랑가에 옹기종기 모여 핀 너희를 만났단다.

자줏빛인 너의 작고 예쁜 꽃은 이름이 광대나물이었어.

층층이 붉은 줄기를 감싼 잎도 동글동글 오글오글 귀여웠는데, 그 잎들은 소복한 꽃받침 속에서 올라오는 진분홍 꽃들을 조심조심 떠받치고 있는 듯했지.

찾아본 바로는 광대를 닮았다 하여 광대나물이라고 한다는데 처음엔 어디가 광대를 닮았는지 알 수가 없더라.

아주 자세히 살펴보니 기다란 분홍빛 통꽃 아래 갈라진 하얀 두 아랫입술에 자주색 점을 하나씩 찍었는데 눈, 코, 입을 그린 것 같은 네 모습은 거꾸로 매달린 광대 같기도 하고, 너무나 사랑스러워 미소가 절로 나왔단다. 정말이지 예쁘게 화장한 아기 광대 같았어.

너를 처음 발견했을 땐 정말 반가웠어.

시골이라고 모든 잡초가 다 있는 것은 아닌 것 같아. 또 언제 어디서 너희를 만나게 될지 모르지만, 그날의 인연을 기억하고 싶구나.

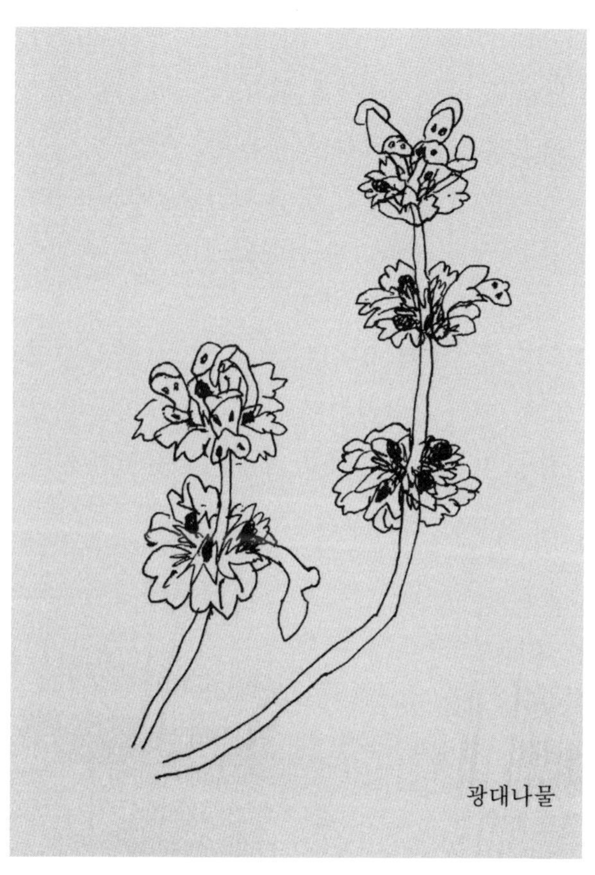
광대나물

116. 창가의 제라늄

1989년도에 유럽여행을 했다.

스위스에 처음 도착하니 꿈속의 도시였다.

집집마다 창가엔 빨간 꽃이 피었다. 제라늄이다.

꽃들은 사람 마음까지 아름답게 하는지 덩달아 여행이 즐겁고, 스위스가 좋았다.

모두가 알프스의 하이디 같다.

그다음 나라도 제라늄이 창가에서 우리를 반겼다.

사람들이 꽃을 좋아하고 가꾸는 이유인가 보다.

117. 수련

학화호두과자 할머니 집 앞에 큰 연못이 있다.

연못이라기보다 양어장이라 하였다.

6월의 햇볕이 따가워지면 물 위에 떠있던 동그란 잎에서 하얀 꽃이 피어난다.

분홍 꽃도 피어난다.

등굣길에 오늘은 몇 송이가 피었는지 발걸음을 멈춘다.

물 위에 핀 꽃들이 신기하기만 하다.

초등학교에 입학하면서 세상은 넓어졌다.

견문도 넓어졌다. 지금도 생생히 기억나는 처음 만났던 장면들. 물 위에 핀 수련, 높은 철탑, 커다란 학교, 복잡한 시장, 가슴에 손수건과 이름표를 찬 입학생들과 담임 선생님과의 두렵고 낯설고 두근대는 만남, 그 감동들…….

118. 진달래꽃

진달래 꽃잎을 따 먹으며 자랐다. 뒷동산엔 꽃송이가 서너 개 달린 키 작은 진달래뿐이다.

4학년쯤 되어 사촌 언니들을 따라 태조봉에까지 올라갔는데, 그곳은 딴 세계였다. 감개무량, 정신이 없다.

쭉쭉 올라온 진달래 가지가 모두 내 가슴을 넘는데, 한 가지마다 열 송이 이상 꽃이 피어 너무도 탐스러운 꽃 방망이를 만들고 있었다.

요즘처럼 몇 년씩 자란 키 큰 진달래나무가 아니라 그 시절엔 가지를 베어 땔감으로 썼기에 해마다 올라온 가지에서 꽃이 핀다.

이곳 태조봉은 우리 마을에서 가장 높은 산이라 그런지 사람들 손이 닿지 않은 진달래꽃 밀림처럼 나를 숨 막히게 했다. 그렇게 훌륭하고 멋진 진달래를 꺾어 본 것은 처음이다.

우리는 꿈이나 현실에서 어쩌다 알지 못하던 신세계를 만날 때가 있다.

눈으로 만나고, 코로, 귀로, 입으로, 감촉으로 만나기도 하며, 마음으로 만나기도 한다. 이렇게 오감을 통해 만나는 감각을 불교에선 육식에서 오는 의식이라 하며, 허상이라 했다.

이 육식(육근)을 초월한 세계, 육식을 떠난 신세계를 만나고 싶다는 소망을 가져본다.

온갖 유혹과 역경을 겪으며 깨달아 가는 삼장법사와 손오공 일행이 육근의 옷을 벗고 해탈하는 마지막 장면이 생각나는 순간이다.

진달래

119. 연꽃

부처님이 앉아계신 꽃이 연꽃이요, 심청이가 타고 있던 꽃이 연꽃이다.

깊은 물속에서 싹을 틔워 물 위로 올라와 세상을 밝히는 꽃, 그것이 연꽃–

연

120. 신학기의 퓨리뮬러

신학기가 시작된 첫날, 교장실 문을 여니 사랑스럽고 귀여운 꽃, 퓨리뮬러가 탁자 위에 앉아 반겨주었다.

움츠렸던 긴 겨울을 물리치고 이 작은 꽃은 제일 먼저 봄의 시작을 알리고 있다.

노랑, 빨강, 하양, 선명한 칼라, 초록 잎 속에서 얼굴만 내밀고 피어 올라오는 모습은 정말 봄의 요정과도 같다.

명선 교무부장의 센스라는 걸 꽃에서 직감한다. 이 작은 배려로 남을 기쁘게 하고 행복을 안겨준다.

우리는 가만히 있어도 기쁨을 주는 퓨리뮬러가 되기도 어렵고, 작은 센스나 배려로 남을 행복하게 하는 정성도 쉽지 않다.

마음에서 우러나오지 않으면 실행은 더욱 어렵다. 때로는 더 큰 것, 더 좋은 것을 생각하다 때를 놓치거나 포기하기가 일쑤다.

신학기가 되면 귀여운 퓨리뮬러가 생각난다.

121. 신에게 바치는 금송화(메리골드)

쿰부 히말라야엔 로지마다 금송화가 가득하다.

강렬한 햇볕을 받아 더욱 황금처럼 빛난다. 딱 그곳에 어울리는 꽃이다.

쿰부나 카트만두 어디를 가도 금송화 꽃이 장식을 한다. 꽃송이를 수북이 쌓아놓고 팔기도 한다.

힌두사원 신들께 그 꽃을 받친다. 정화수에도 꽃이 가득 띄워져 있다.

금송화는 시들지 않고 오래가기에 신들에 받치는 꽃으로 적격인 것 같다. 많은 집들이 꽃들을 실로 꿰어 문 앞에도 장식을 한다.

인도에 갔더니 신들이 가장 좋아한다는 메리골드를 환영의 뜻으로 목걸이를 만들어 걸어주었다.

황금 꽃목걸이는 신의 목걸이처럼 눈부시게 빛을 발했다.

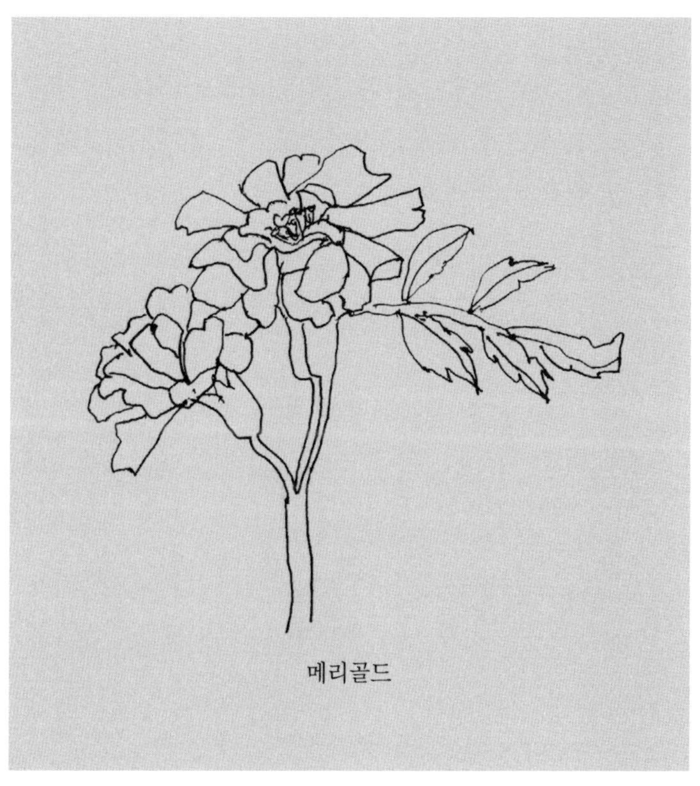

메리골드

122. 라일락

연순네 담 너머로 라일락 향기가 중학생 소녀들을 사로잡는다.

한 반 친구인 연순네 라일락을 모르는 애들은 거의 없다. 그 집엔 불도화도 장미꽃도 흐드러지지만, 라일락 필 때쯤엔 그 향기에 이끌려 일부러 연순네 집 앞으로 돌아가기도 했다.

'연순인 좋겠다. 이 극락 같은 향기 속에 살고 있으니'

그런데 그 집은 고모네라고 했다.

부모를 일찍 여읜 연순이는 고모네 집에서 살고 있었다. 그래서인지 라일락 향기가 어느 땐 애처롭게 와닿았다.

라일락

123. 선비의 붓꽃(아이리스)

5월이면 붓꽃이 보고 싶다. 붓꽃은 청렴하고도 꼿꼿한 선비처럼 피어난다. 어릴 때부터 보라색을 좋아했던 이유는 보라색 꽃을 좋아했기 때문이었을까? 꽃에서 신비한 보라색을 배웠으니….

6학년 때 병원을 하는 덕경이 집에 갔다. 한 쪽 뜰엔 해당화가 피어있고, 대문에서 현관 앞까지 보라색 붓꽃이 양 길가로 쭉 피어 있었다. 부잣집 꽃처럼 귀티를 풍겼다. 지금 생각하면 5월의 신선 같다. 처음 보는 것, 우리 집에 없는 것은 늘 새로웠다. 성인이 되어 기회가 되면 붓꽃이나 꽃창포를 심어 보았지만, 생각처럼 잘 가꾸지 못해 사라지기도 했다. 내가 집을 짓는다면 보라색 붓꽃 정원을 만들 것이다.

붓꽃

124. 이국적인 갈퀴나물 꽃

갈퀴나물 꽃은 꼭 실크로드의 서역에서 온 꽃 같다. 꽃 모양, 덩굴손과 잎사귀, 색깔 모두 분위기가 그랬다. 역시 보라색 갈퀴나물 꽃을 좋아했다. 어린순은 나물로 꺾었지만 영롱한 보라 꽃이 필 때면 화병에 꽂기도 했다. 동생 연옥이 꺾어온 들꽃 중에 자주색 오이풀 꽃과 멋들어진 갈퀴나물 꽃은 빠지지 않았다. 1980년, 언니가 개인전을 한다고 하니, 집에 있던 연옥은 들꽃을 꺾어다 나의 그림 소재를 도왔다. 그때 그린 들꽃 그림들이 좋았다고 종종 말을 듣는다. 생활에서 우러나온 정감들이 녹아 있기 때문일 것이다.

영화과를 졸업한 연옥도 뒤늦게 그림을 시작했다. 늦바람이 무섭다더니 그 열정은 가히 따를 수 없다.

갈퀴나물

125. 6월의 그리움 찔레꽃

중학교 뒤 울타리엔 너희들이 커다란 원을 그리며 자랐어. 담 넘어 농부들이 모내기 준비로 한창일 때면, 고혹적인 향기를 품은 너는 새하얀 꽃을 피웠단다.

너희들 향기는 나풀나풀 나비 같은 소녀들의 심장을 뒤흔들어 놓았고, 싱그런 여름이 시작될 때쯤에는 우리의 유일한 친구가 돼주었어.

하얀 교복의 소녀들은 쉬는 종소리만 울리면 달려가 너희를 만났잖아. 눈부시게 빛나던 하얀 찔레야! 너의 그윽한 향기는 꿈 많은 소녀들을 닮았었나 봐.

우린 서로 통했고, 꽃그늘에 앉아 너희와 눈빛을 나누며 고민을 털어놓거나 미래를 속삭였지.

너의 향기로운 품에는 그동안 쏟았던 소녀들의 꿈과 희망들이 알알이 영글어 가을엔 빠알간 열매로 화답을 하더구나.

6월의 그리움! 하얀 꽃 찔레.....

126. 나의 선인장

작은 오빠가 농촌기술센터 소장으로 승진했다고 해서 커다란 선인장을 보냈더니, 공무원들 인사치레 근절이라고 집으로 가져왔다. 그 선인장이 내 아파트에 와서는 천장을 뚫을 기세로 자랐다. 위를 잘라주니 양쪽으로 귀여운 싹이 뿔처럼 났다.

10년이 지나니 어느 날 한 송이 꽃이 폈다. 내 두 손바닥만한 크기의 흰 꽃인데 안에 꽃술이 가득하다. 일을 마치고 궁금한 마음에 빨리 퇴근해 집에 와보니 꽃은 오므라져 축 늘어져 있었다. 하루가 생인가 보다. 너무나 허무하다. 10년을 기다려 피운 꽃이 단 하루 생명을 갖다니–.

다음 해에는 선인장 꽃눈이 많이 났는데, 다 피울 수 없는지 몇 송이만 남기고 모두 떨어졌다. 이것도 자연의 섭리인가 보다.

그 후, 선인장 꽃은 나도 모르게 피고 지기도 했다. 하루살이가 하루를 살아도 그의 삶을 완수하고 죽는다는데, 나의 선인장 꽃은 어떤 임무를 완수하고 우리 집에 와서 10여 년 만에 핀 꽃을 단 하루씩 피우고 가는 걸까? 선인장 꽃을 보면서 억겁이나 찰나의 구분이 무의미한 것 같은 느낌을 잠시 가져본다.

127. 노란 장미

나에게 노란 장미는 비밀의 꽃이다. 노란 장미라기보다는 들에 홀로 핀 노란 들장미가 맞다.

어릴 때 읽은 어렴풋한 만화의 이미지가 그렇게 남았나 보다. 만화 제목이 '비밀의 화원' 이었던가? 그래서인지 노란 장미에는 어린 소녀의 비밀이 숨어 있는 듯하다.

노란 장미에 끌려서 가끔은 한 다발 사기도 했다. 노란 덩굴장미가 피어 있는 집을 보면 동화 같은 상상의 나래를 펴기도 했다.

내게 아직도 그 시절의 설렘과 감성이 남아 있다면 오늘 이 글을 쓰지 말고, 들로 나가 홀로 핀 노란 장미를 찾아봐야 맞는다.

128. 박꽃

박꽃, 박꽃처럼 순결할까? 순백의 꽃이다.

초가지붕을 덮은 새하얀 박꽃 위에 교교히 달빛이 흐르면, 풀벌레도 숨을 죽여 운다.

-박꽃-

순백의 박꽃이 눈부시게 빛나던 날
큰아들 합격 비는 한결같은 어미 모습
머리 감아 쪽진 비녀 물 마를 새 없을 때,
정화수 그릇 안에 보름달 환히 비치니
아! 올해는 합격을 하겠구나.
박꽃은 활짝 피어나고, 달님도 웃으셨다.

129. 나의 실수 임파첸스

분갈이할 때 마사토와 거름흙을 적당히 섞어야 하는데, 그 비율의 적당히가 맞지 않았나 보다.

햇빛이 강했던 2박 3일 여행에서 돌아오니 2,3개의 화분이 시들어 있고, 임파첸스는 아예 말라버렸다.

배수가 잘 되라고 흙을 섞을 때 배양토를 많이 넣었더니 물을 보유하지 못한 원인이었다.

우리는 적당히가 참 쉬운 것 같으면서도 쉽지 않아 이 같은 실수를 한다.

세상 일이 중도를 지키지 못하고, 한쪽으로 치우치면 탈이 나게 돼있다.

살다 보면 자칫 적당히를 지나 넘치거나 부족하기 십상이다. 적당히란 참 쉽고도 어려운 것 같다.

130. 튤립나무

공주 교대에서 연수를 받던 중 창밖을 내다보니 눈에 희끄무레한 꽃이 들어왔다.

웬? 그 높은 아름드리 플라타너스 나무속에 연녹색을 띤 연미색의 예쁜 꽃들이 숨어있었다.

'아니, 내가 어릴 때부터 보아온 방울 나무인데 꽃이 피다니?'

나무가 높아 꽃을 자세히 관찰할 수 없었으나 나뭇잎이 플라타너스보다는 작은 것 같았다.

대학에 다닐 때부터 그 자리에 있던 나무였는데, 오늘에서야 꽃이 피는 것을 보았다. 꽃의 빛깔이 나뭇잎과 비슷해 눈에 띄질 않았나 보다.

그 후, 오빠한테 물으니 '튤립나무' 라고 했다. 튤립모양의 꽃이 핀다 하여 붙여진 이름이며, 신부동에서 성정동으로 넘어가는 길의 가로수가 바로 튤립나무라고 했다.

보통 꽃들은 화려한 색과 자태를 밖으로 드러내고 있지만, 튤립나무는 꽃이 화려하지도 않고, 안으로 숨어 있어 쉽게 눈에 띄지도 않았다.

하긴 저 큰 나무속에 꽃만 숨어있을까? 그 안엔 여러 작은 생명들과 온갖 이야기들도 숨어있겠지, 새소리와 작은 곤충들, 지금처럼 나의 착각이나 무관심도 들어 있을 테고, 나무 밑에서 노는 아이들의 웃음소리, 연인들의 이야기, 땀방울을 식히는 농부의 여유, 집 나온 청소년의 한숨, 친구 간의 약속들….

이 모든 이야기들을 나무는 온 팔을 벌려 품어주고 있었다.

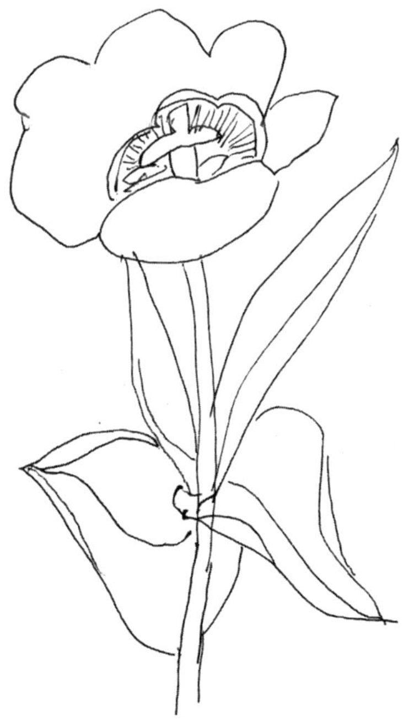

튤립

131. 놀라운 파라솔

봄에 꽃집에서 활련화, 임파첸스와 함께 사 온 잔잔한 보라 꽃 화분이다.

그날 시든 화분 중의 하나로 이 화분 역시 흙 배합의 적당히를 못 맞춘 것이다.

꽃과 잎이 시들어 바삭바삭할 정도였다. 깜짝 놀라 물을 주었다. 제발 살아나길 바라면서….

다음날 아침 나가보니 까맣게 시들었던 꽃과 잎들이 제 색을 찾고 다시 피기 시작한다. 놀라운 역사였다.

목마른 자에게 물 한 모금을….

배고픈 이들에게 한줌 사랑을 나눈 위대한 테레사 수녀님이 생각나게 했다.

활련화

132. 담장 밑의 과꽃(배추국화)

담장 아래의 과꽃이다.

정감 넘치는 꽃!

보라, 분홍, 하양, 과꽃에는 가을 냄새가 난다.

여름부터 피지만 가을까지 초가집 뜰을 환하게 밝혀주다가 추석을 맞는다.

집집마다 추석맞이로 문창호지를 갈아붙일 때 손잡이 옆에 어김없이 들어가 소박한 장식품이 된다.

고모와 사촌 언니들은 과꽃을 미리 따서 책갈피에 끼워 눌러 놓는다.

잎사귀도 따로 따서 눌러놓고, 코스모스도 친구가 된다. 하얀 장지문에 누가 더 예쁜 꽃 장식을 하는지 짧아지는 가을 햇살 아래 아가씨들의 웃음소리는 마냥 행복하기만 하다.

(새 문종이를 바르고 손잡이 부근에 꽃 장식을 한 다음, 장식 크기에 맞춰 한 장을 덧대면 튼튼하여 손잡이 부분이 찢기지도 않고, 예쁜 문 장식이 되어 소박하면서도 멋스럽게 하는 우리의 정서를 엿볼 수 있었다)

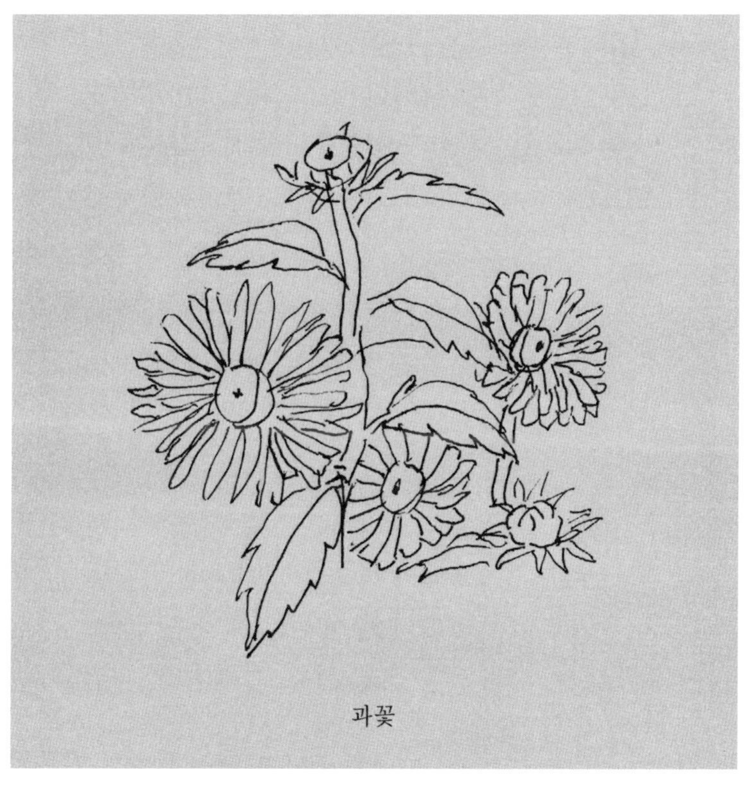

과꽃

133. 백두산 꽃

야생화의 보고 백두산, 지프차로 백두산을 오르자면 길 양쪽으로 키 작은 온갖 야생화들이 안개비 속에서 몸부림을 친다. 내려서 볼 수 없음이 안타깝다.

운 좋게도 4번 백두산에 올라 3번이나 천지를 보았다. 어느 때는 너무도 생생히 천지를 보여주시어 신비감이 사라질 정도였다.

트레킹도 해보고 초소에서 걸어 오르기도 했는데, 서파 백두산 코스를 오를 땐 온통 꽃밭이었다.

백두산의 꽃들이 모두 모여 함께 피어난 것 같다. 몰아치는 거센 비바람을 막으려고 꽃들은 최대한 키를 낮추고 있다.

범의 꼬리, 산오이풀, 두메양귀비, 마주송이풀, 칼잎용담, 바위구절초, 들쭉나무, 금불초, 분홍 바늘꽃, 하늘매발톱, 민솜대, 장구채, 수리취, 곰취 등 비바람을 맞으며 대견스럽게도 꽃을 피운다. 그들도 적응하는 법을 알고 있다. 살아가는 법을 터득한다.

134. 무궁화

큰집의 뒷담 울타리는 무궁화와 구기자로 빼곡했다.

여름날 아침, 이슬을 머금고 피어나는 무궁화는 싱그럽고 청순하다.

흰 꽃, 연보라 꽃, 보기만 해도 '무궁화, 무궁화, 우리나라꽃-' 노래가 절로 나왔다.

꽃이 질 땐 꽃잎을 오므려 속을 보이지 않는다. 생을 깔끔하게 마감하고 가는 듯하다.

교감 연수 때 어느 조경 전문 강사가 말하길 '일본인이 우리 국화를 비하하기 위하여 울타리로 심었으니, 여러분들은 무궁화를 단목으로 잘 가꿔야 한다'고 열변을 토하셨다.

맞는 말이다. 우리 큰집도 적산가옥이었으니….

그래도 우리나라 꽃을 곁에서 볼 수 있어 행복했다.

135. 나를 달래주던 접시꽃

초등학교 1학년에 입학해서 학교 길이 익숙해질 무렵, 접시꽃을 만났다.

키가 늘씬하고, 꽃은 층층으로 자랑스럽게 피어 올라갔다.

반들반들 윤이 나고 빨강, 분홍, 하양 처음 보는 꽃이라 그런지 큰 집 무궁화를 닮았지만 더 싱그럽고 예뻐 보였다.

길옆의 그 집엔 우리 반에서 키가 아주 작고 귀여운 성보가 살았다.

일자집으로 유리문이 많은 일본 가옥인데, 나란히 세 집이 붙어있고, 마당엔 접시꽃이 만발하였다.

꽃에 홀려 한참 넋이 나간다. 그 앞을 지날 때마다 그랬다.

아직은 모두가 낯설어 마음 둘 곳 없을 때, 접시꽃은 환한 미소로 촌뜨기 어린 소녀를 달래주었나 보다.

136. 맨드라미

어머닌 바깥마당 둘레에 온통 맨드라미를 심으셨다. 재래종이 아닌 신품종인지 꽃 한 송이가 부채만 한 것이 잎사귀도 무성하니 사방으로 뻗쳤다. 색이 어찌나 고운지…

그림을 그리고 시를 올렸다.

-맨드라미-

가장 투박하고 촌스러운 꽃인 줄 알았는데,
너의 정열은 눈이 부셔 바로 볼 수 없구나.

여름날 우연히도 발견하고는 마당 구석에
불타는 네 모습이 아찔하여

얼른 조금만 보고는,
조금만 얼른 보고는 발길을 돌림이여!

-1981년 어느 여름 날-

137. 산나리

산모롱이 홀로 핀 나리야
너의 고운 모습
지나가는 나그네가
반기는구나.

138. 설악산 꽃

대청봉에 오르니 야생화가 지천이다.

'아이고, 네가 여기 있었구나!'

저기도 있고, 분홍색 이질풀 꽃이 앙증맞고, 며느리밥풀이 밥풀을 머금고 수줍다.

홍자색의 가시 돋친 새며느리밥풀도 보인다.

보라색 각시투구꽃, 흰진범, 범의꼬리, 잔대, 모싯대, 하늘을 바라는 하늘말나리, 솜다리꽃, 조희풀, 박쥐나물, 제비동자꽃, 톱풀, 구름송이풀, 박새, 여로, 바람꽃 등, 내가 식물도감에서 본 설악산 꽃들이 모두 모였다.

꽃들의 축제에 취하여 걷다가 고개를 드니 안갯속에 웅성웅성 사람들이 많았다.

"여기가 어디예요?"

"대청봉이요"

몇 년 전 천불동으로 오르며 그렇게 힘들었던 대청봉인데, 오늘은 오색 약수터로 올라왔지만, 이렇게 쉽게 올라올 줄이야.

'모두 설악산 꽃님들 덕분입니다. 제게 또 이런 감격을 주시다니…….'

139. 광덕산 꽃

광덕산은 천안의 명산이다. 식물의 보고라고 부를 만큼 각종 나무와 갖가지 꽃들이 자란다.

내가 한참 야생화에 빠져 있을 땐 사철로 혼자서도 광덕산에 자주 올랐다.

가지가지 꽃들이 그곳에 있었다.

산 아래 노란 양지꽃에서 시작하여 연보라 현호색, 괴불주머니, 남산제비꽃, 개별꽃, 애기나리, 연영초, 짚신나물, 군락 지어 핀 보랏빛 꽃향유, 물봉선, 풀거북꼬리, 까치수영, 누린내풀, 영아자, 올라가면서 둥굴레, 각시붓꽃, 광대수염, 족두리풀, 삿갓나물, 우산나물, 윤판나물, 등골나물, 지장보살, 노루귀, 줄기가 깨끗하고 늘씬한 쪽동백나무, 서어나무, 때죽나무, 생강나무 박쥐나무 등 이루 헤아릴 수 없게 봄부터 가을까지 꽃이 피고 진다. 겨울엔 복수초도 보았다.

지금도 그 많은 꽃들이 피고 지는지 안 가본 지 오래라 그 산이 그립다.

140. 지리산 꽃

도감에서만 보았던 노루오줌풀, 산수국, 지리바, 바위솔, 바위채송화, 터리풀, 종덩굴, 큰꽃으아리, 물레꽃, 범부채 등을 보니 얼마나 감개가 무량한지…. '아, 네가 바로 바위채송화로구나! 너는 노루오줌풀이고, 반갑다. 반가워' 도감을 수십 번 뒤적이다 보니 시나브로 식물과 꽃 이름이 입력이 되었나 보다. 너무도 신기하게 처음 보는 꽃인데도 "아! 산수국, 종덩굴" 저절로 입에서 터져 나온다.

지리산 철쭉제와 노고단의 원추리 축제는 가보지 못했으나 지리산 역시 사랑이 가득하고 품 넓은 어머니의 꽃밭 같다. 그 당시는 쉽게 찍을 수 있는 핸드폰 카메라도 없었기에, 미안하지만 내가 처음 보는 식물이나 꽃을 책갈피에 살짝 끼워 도감에서 찾아보는 열정이 있었다. 산을 오르며 빗속에서 끓여 먹던 라면 맛도 잊을 수 없는 지리산 추억이다. 장터목 산장에서 하룻밤 묵고, 아침에 나가보니 온통 하얀 구름에 덮여 지척도 분간할 수가 없었다. 그 바람에 천왕봉 정상에 펼쳐졌을 꽃밭에 가보지는 못했지만, 언젠가 또 오르게 할 이유와 희망이 있어 좋다.

141. 안나푸르나의 꽃밭

우와! 탄성이 절로 나온다. 천상의 꽃밭이다.

언제인가, 안나푸르나에서 별을 그리는 화백님이 '하늘의 별들이 낮에는 내려와 꽃밭이 되고, 밤에는 올라가 별 밭이 된다' 고 하시더니 '아, 정말 우주의 대 화원이구나!'

이곳 안나푸르나의 화원이야말로 밤하늘에 빛나던 별들이 내려와 땅 위에 만든 꽃밭 같았다.

바람에 나부끼는 갖가지 꽃들은 아름다움의 극치였다.

MBC에서부터 고산증으로 한 걸음 한 걸음 무겁게 올라왔더니, 나무 한 그루 없는 대평원엔 무지개 화원이 기다렸다. ABC 바로 위엔 설산이요. ABC 아래에는 온통 대화원이다.

그 가운데로 설산에서 시작된 맑은 물이 개울 되어 흐른다. 빨강, 주황, 노랑, 하양, 파랑, 보라....

어쩌면 오늘은 무지개가 내려와 꽃이 되어 놀고 있는가 보다. 여름 우기에 하루도 빠짐없이 비를 맞으며 올라온 나에게 안나푸르나의 산신님은 꽃밭 선물을 하신 것 같았다.

감사합니다. 산신님! 합장하여 삼배를 올렸다.

* 안나푸르나 : 네팔 히말라야 중부에 위치, 8,091m(안나푸르나1,2,3,4봉이 있음)

* ABC : 안나푸르나 베이스캠프 4,130m

* 마차푸차레 : 히말라야 중북부에 위치, 6,993m, (네팔의 성산으로 등반이 허락되지 않음)

* MBC : 마차푸차레 베이스캠프 3,700m

142. 박주가리(새박덩굴)

용인으로 이사 와서 텃밭에 고추와 상추를 심겠다고 3평 남짓 밭을 일궜다. 어느 날 일궈진 땅에서 덩굴식물인지 꽤 멋을 부리며 기다란 순부터 올라왔다. 꼭 잭크의 콩 나무가 싹이 트는 것처럼,

요 녀석이 세상에 나오는 모습도 근사하니 예사 풀은 아닌가 하여, 호기심에 뽑지 않고 놔두었다. 고추나 상추보다 빨리 자라 덩굴을 뻗고 몇 장의 잎이 나왔다. 어디서 많이 본 식물 같다. 그러고 보니 옆의 대추나무, 두릅나무 근처에도 같은 풀들이 쑥쑥 자라고 있다.

"아니, 어디서 신기한 풀이 솟는가? 했더니 너, 박주가리였구나? 네 친구들이 여기저기 나고 있어. 그래, 이것도 인연이니 어디 한번 길러보자"

여름이 되니 박주가리는 흰색의 작고 귀여운 꽃을 잎겨드랑이마다 맺었다. 아마 가을이 되면 주렁주렁 멋진 열매를 맺을 것이다. 꼭 여주 열매 비슷하게 생겼는데, 여주 보다 더 작고 단단하며 가늘고 끝이 뾰족하다. 작년, 겨울이 다가올 무렵 열매의 한쪽 부분이 갈라지더니 새하얀 깃털에 씨앗을 매달고 사방으로 날리는 것을 보았다. '네가 그 박주가리 싹인 줄

이제야 알았구나.'

씨앗 속의 비단같이 가늘고 하얀 긴 털들은 도장밥이나 바늘 쌈지 만드는 재료로 쓰였다고 한다. 꺾으면 하얀 진이 나오던 박주가리는 이름도 재미있고 열매도 신기해서 잊지 않고 있었다. 유액에 독성이 있지만 벌레 물린데 해독작용을 하며, 열매와 뿌리는 한약재로 쓰인다고 한다. 요 신기한 박주가리를 이렇게 우리 밭에서 만날 줄이야....

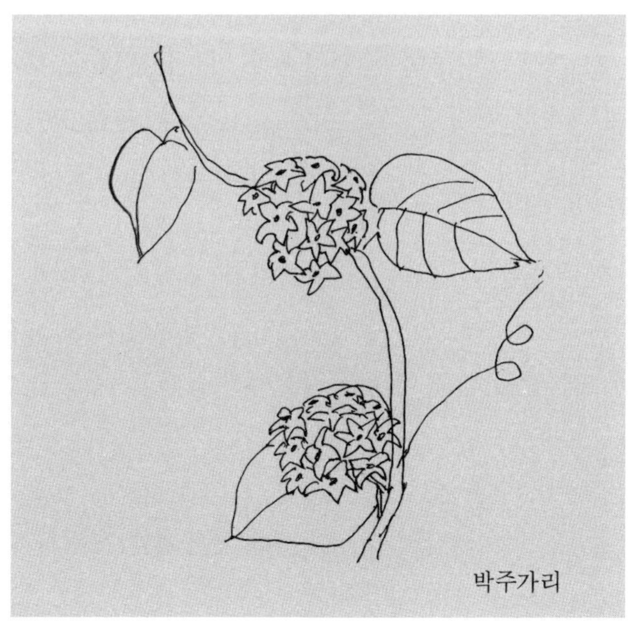
박주가리

143. 코스모스 꽃길

우리 동네는 그 옛날인데도 길가에 코스모스가 많이 피었다. 아마도 4H 클럽 오빠 언니들이 심은 거로 기억한다.

1960년대였으니 재건운동과 함께 마을 청년들의 4H운동도 활기를 띠었다. 덕분에 우리는 코스모스 꽃 속에서 꽃놀이를 했다.

아카시아 가지를 꺾어 잎을 따면 가시만 남는다. 여기에 코스모스 꽃을 따서 가시에 꽂으면 꽃 방망이가 된다.

그 시절 꽃방망이 안 만들어본 아이들은 없을 것이다. 그래도 길가에 꽃은 피어있고, 동심 속엔 어여쁜 꽃 방망이가 오롯이 자라나던 시절이다.

언제부턴가 가을이면 여기저기 코스모스 축제도 열리고, 길가에도, 고수부지에도, 단지로 심어진 코스모스 꽃길은 한층 가을을 무르익게 한다.

그 아름다운 꽃길을,

오늘 나는 담담히 걸으며 오랜 친구처럼 무언의 대화를 나눈다.

중년의 나는 꽃 속에 묻혀 사진을 찍었고, 행복감으로 벅찼다.

소녀 시절엔 알 수 없는 에이는 아픔이 함께 했었고,

어린 날에는 야릇한 신기함으로 꽃놀이와 함께 그들과 친해졌다.

지금은 설렘도 가라앉고, 아린 가슴도 아물었으며, 사진 촬영도 멀어져 담백한 마음으로 고즈넉이 그 길을 걷는다.

마치 졸졸 작은 도랑물이 시냇물이 되고, 다시 깊은 강물이 되어 유유히 흐르듯-

우리의 삶도

언젠가는 큰 바다가 되기 위하여 쫄쫄, 활기차게, 조용히 아래로 흘러간다.

깊이도, 가도 없는 무한한 바다가 될 때, 비로소 꽃길을 걷는 마음이 예나 지금이나 변함없었다는 것을 알게 되겠지-

144. 왕자님 꽃 용담

용담 꽃은 가을 동산을 닮았다.

가을 동산엔 아릿한 고독감이 인다.

여기에 꼭 어울리는 꽃이 용담이다.

내게 가을의 색을 묻는다면 보라를 꼽을 것이다. 가을 동산엔 보라 꽃이 많이 피지만, 그중 제일 좋아해서 찾아 헤매던 꽃이 바로 용담이었다.

빛깔도 신비롭지만, 꽃이 주는 분위기가 내 마음을 빼앗는다.

용담 꽃은 보라색 왕관을 쓴 왕자님이 빳빳한 깃을 세우고 언제 올지 모르는 공주님을 기다리는 꽃 같다. 꽃에서는 가을 산을 닮은 그리움이 배어 나온다

가을 햇살이 저리도록 가슴을 파고들 때,

왕자님같이 준수한 용담 꽃을 만나면 이제 산을 내려가도 좋았다. 조그만 품 안엔 용담으로 해서, 미역취, 자주쓴풀, 노란 산국화(산국)가 한 아름 안겨 있다.

서산이 금빛으로 부서지고 하늘이 물들기 시작하면 서둘러 가을을 안고 집으로 돌아간다.

그 시절, 보랏빛 풀꽃 여운이 스산한 바람처럼 가슴에 인다.

(어떻게 글로 표현할 수 있을까? 어린 날에 자연에서 느꼈던 그 감정과 느낌을 10분의 1 아니 100분의 1이라도 말할 수 있을지. 아직도 내면에 살아 있는 그때의 감성을 들꽃을 보면서, 계절이 바뀌는 산과 들을 보면서 회상할 수는 있다. 그러나 그때와 같이 표현할 수 있는 설렘이나 절여오는 아픔은 아니다.)

145. 볼 수 없는 올방개

요즘은 보기 힘든 식물이다. 초등학교 때 논에서 올방개를 캐먹어 본 후 보지 못했다. 이른 봄 모를 심기 위해 쟁기로 논을 갈 때 올방개들이 나온다. 쟁기날로 베어진 올방개는 속살이 뽀얗게 나와 밤을 잘라놓은 듯했다.

우리는 갈아놓은 논에 들어가 붉은 갈색 껍질의 동그란 올방개를 캐었다. 맛이 달콤하고 고소하다.

지금 올방개가 그리워 글에 올리지만 사실 올방개 뿌리만 먹어봤지 올방개의 잎은 어렴풋하다. 가늘게 길쭉하니 올라온 풀을 캐면 올방개가 따라 나온 기억이 있다. 그러나 올방개의 꽃을 본 기억은 없다.

보았을지도 모르지만, 이미 그때의 올방개는 우리의 관심에서 멀어졌을 때이다. 우리에겐 올방개 덩이줄기가 겨울을 땅속에서 지내고, 아직 싹이 나지 않아 맛이 있을 때의 올방개였을 테니까.

추억의 올방개가 지금도 논에 자라는지 궁금하다. 아마도 제초제로 인해 사라진 풀 중에 하나가 되었을 올방개를 떠올리며...

146. 큰집의 양귀비 꽃

큰집에 가면 부러운 것 중에 양귀비가 있었다. 뒤곁 꽃밭에 네다섯 포기 꽃이 피는데, 왜 이름이 양귀비인 줄 알 것 같다. 미모의 여인 중에 여인이 양귀비라 했으니, 꽃 중에 꽃으로 꼽힐 만큼 아름다운 그 꽃을 양귀비라 불렀나 보다.

선혈 보다 고운 빨강, 보드라운 꽃잎, 새까만 속 무늬, 신비한 꽃술, 어린 나는 현란한 양귀비에 반했다. 꽃밭에서 단연 으뜸인 꽃! 아마도 큰아버지께서 비상약으로 심으셨나 보다. 그때야 어렸으니 금지된 꽃이란 걸 알 수 없었다.

요즘 6월, 길가에 가꿔진 새빨간 꽃양귀비를 보면 그 옛날 꽃밭에서 몽롱하게 나부끼던 양귀비가 보고 싶다.

지금은 사라진 큰집과 우리 집, 그리고 예쁜 꽃들이 철철이 만발하던 꽃밭, 그러나 어린 날의 아름다운 추억들을 묻어버린 고속도로는 오늘도 수없는 차량들을 토해내고 있다.

147. 옥잠화

봄비가 내린 후의 꽃밭은 언제나 나를 설레게 한다. 갖가지 새싹들은 꿈을 가득 이고 머리를 내민다. 뾰족이 올라오는 백합, 참나리, 상사화, 국화, 달리아, 함박꽃, 그중 우리 집에 없는 옥잠화는 큰집 꽃밭에서 볼 수 있었다.

잎부터 깨끗하고 정갈하여 목욕재개하고 나오는 듯하다. 초여름 꽃대가 올라와 새하얀 봉우리가 벌어지면, 청아하기 그지없다.

소박하면서도 수려했다. 흔치 않던 꽃이라서 더욱 그렇게 보였나 보다.

이 나이에 이르러 나를 옥잠화 같은 맑은 아름다움으로 기억해 줄 사람들이 과연 있을까?

인생은 자신의 생각, 말, 행동으로 인하여 향내도 만들고 독소나 가시를 키운다고 한다.

어린 날, 나는 어른이 되기를 두려워했다. 세상에 나가니 어른들은 무서웠고, 고통스러워 보였으며, 욕심도 많았다. 또한 무거운 책임감으로 자유스럽지 못했다. 그러나 나도 어느덧 어른을 거쳐 이제 노인이 됐다. 어른이 되기를 거부했던 나는 어떠한 꽃을 피웠는지 글을 쓰는 손이 부끄러워진다.

148. 업둥이 선인장

어느 날 베란다 밖의 화분대에 밤톨보다 작은 선인장이 찾아왔다. 너무 귀엽고 신기하기도 했다.

"어머, 너는 어디서 날아왔니? 이 작은 꽃밭까지. 정말 반갑구나."

얼마 전 비바람이 몹시 불더니 아파트 위층에서 용케도 내 꽃밭 위에 떨어졌나 보다.

화분대는 화분 4개 놓으면 꽉 차는 좁은 면적인데…….

가만히 살펴보니 동그란 선인장 3개가 바닥에도 화분 위에도 얌전히 앉아 있다.

선인장 3형제를 나란히 화분에 심었다. 3형제는 점점 푸른빛을 띠면서 건강을 되찾았다. 너무도 신기한 인연이다. 꼭 업둥이 갔다.

잘 자라 꽃을 피우길 빌었다.

149. 우리의 라일락 수수꽃다리

우리나라에서 자생하는 토종 라일락으로는 수수꽃다리(털개회나무), 정향나무, 꽃개회나무, 개회나무, 섬개회나무 등이 있는데, 모두 비슷하여 전문가 아니면 구분하기가 어렵다고 한다.

수수꽃다리는 우리나라 이북 산지에서 자라는 특산종인데, 수수목처럼 꽃이 핀다 하여 수수꽃다리라고 부르고, 분단 전에 분양한 나무가 자손을 퍼트려 이남에도 퍼져있다고 인터넷 백과에서 보았다.

수수꽃다리는 1947년 미군 식물채집가가 북한산에서 채취한 털개회나무씨를 본국으로 가져가 개량하여 '미스킴 라일락'으로 이름 붙였고, 지금은 세계적으로 보급되어 많은 외화를 벌어들인다고 한다.

그를 돕던 우리나라 타이피스트 성을 딴 '미스킴 라일락'을 우리나라는 1970년대부터 비싼 로열티를 주고 역수입하고 있다고 언젠가 오빠에게 들은 적이 있다.

수수꽃다리뿐 아니라 몇몇 식물이 무단으로 유출되어 우리가 로열티를 주고 역수입한다니, 식물자원의 중요성을 모르고, 간수 못한 우리의 잘못이라 되돌릴 수도 없고 안타까운 일이다.

라일락보다 향이 진한 수수꽃다리는 5월이면 대문에 들어서기 전부터 심호흡을 하게 한다. 이렇게 향기로운 꽃이 서양 라일락 보다 늦게 보급되어 우리 마당에 심어진 것도 훨씬 뒤의 일이다. 지금은 원예 품종 개량에 많은 노력을 하고 있고, 수수꽃다리, 정향나무의 보급도 많아져 5월이면 그 향기가 지나가는 이들을 행복하게 한다.

150. 온상 안의 모종들

온상 문을 열 때 풍겨 나오는 그 향내를 맡아보지 않은 이들에게 어찌 말로 설명할 수 있을까? 온상 안의 열기와 함께 훅 퍼지는 채소 모종들의 향기는 지금도 황홀하다.

오죽하면 내 바로 위 둘째 오빠는 서너 살 때인가? 발을 헛디뎌 온상 안으로 떨어졌는데, 코끝에 스쳤던 채소 모종들의 신비한 향내와 포근함을 잊을 수 없어 농대를 가게 된 첫 번째 동기가 되었다고 한다.

온상 안에는 토마토, 오이, 고추, 가지, 호박, 갖가지 모종들이 빼곡히 자란다.

지금은 멋진 비닐하우스 안에서 모종들도 편안히 자라지만, 내가 어릴 때만 해도 네모진 구덩이를 파서 그 위에 비닐을 씌운 문을 만들어 덮었다.

밤에는 짚으로 짠 이엉을 여러 겹 덮어 냉해를 막아준다.

특수작물을 많이 하셨던 아버지께선 이른 봄 땅이 녹기를 기다려 집 뒤의 양지바른 곳에 온상을 만들기 시작한다.

종자를 심고 매일 조루로 물을 주시는데, 우리는 새싹들이 자라는 그 온상이 신기해 엄마 아버지를 따라 곧잘 가서 구경을 하였다.

조루에서 떨어지는 물을 맞으며 하늘거리는 모종들, 품어 나오는 야릇한 향내- 잘 될 나무는 떡잎부터 알아본다는데, 채소 모들이 잘 자라서 훌륭한 열매를 맺을 수 있도록 부모님은 온갖 정성을 다하셨다.

세상에 공짜는 없듯이, 좋은 떡잎이 나오기까지 들인 정성만큼이나 그 모종들은 잘 자라서 언제나 충실한 열매를 맺었다. 그 결과에 부모님은 늘 흡족해하셨다.

151. 덕유산의 동자꽃

판타스틱! 천상의 꽃밭을 처음으로 접했던 감격이다.

잊지 못할 덕유산 정상의 주황색 동자꽃 화원에 넋이 나갔을 때가 고등학교 2학년 여름방학이다. 이렇게 높은 산꼭대기에 꽃밭이라니! 구름 안갯속에서 나부끼고 있던 이름 모를 주홍색 꽃들은 기다시피 헉헉 올라온 나의 고통을 금방 사라지게 했다. 5장 꽃잎으로 패랭이를 닮았는데 좀 더 컸다.

산 정상 바위 꼭대기에는 구름인지 안개인지 모를 운무 속에서 두 젊은이가 마주 앉아 돌탑을 쌓고 있다. 운무 사이로 언뜻언뜻 보여주는 실루엣은 구름 정원의 신선처럼 거룩하기도 신비하기도 했다.

1,600여 미터의 높은 산엘 오른 것, 너무나 힘들고 숨이 찼던 고통, 운무 속에 펼쳐진 환상의 동자꽃, 구름안개를 제멋대로 휘젓는 힘센 바람, 탑 쌓는 젊은이들, 이 모든 것은 내게 엄청난 첫 경험들로 다가왔다. 거기다 모두가 낯선 팀원들, 천안시 4H 연합 하계 수련회를 따라갔던 추억들이다.

4H 연합회장이었던 오빠가 수가 좁은 여동생이 걱정되었는지, 사회성을 키워야 한다고 데리고 갔다가

애를 먹었던 것으로 기억된다.

성인이 되어 몇 번 더 덕유산에 올랐는데, 그때처럼 힘이 들진 않았다. 그러나 세월이 흐르고 개발이 되어서인지 예전에 보았던 융단처럼 깔린 동자꽃 화원은 보기 힘들었다.

동자꽃

152. 며느리밑씻개와 며느리배꼽

며느리밑씻개는 이름만 들어도 어떤 풀일지 짐작이 갈 것이다. 처음 풀의 이름을 듣고는 웃음이 절로 나왔다. 환삼덩굴의 이름을 몰랐을 때는 저 가시가 사나운 풀이 며느리밑씻개일까? 짐작만 했었다. 시어머니가 며느리에게 결코 부드러운 밑씻개를 골라줄 리가 없지 않은가? 그러나 환삼덩굴 잎은 좀 거칠긴 해도 가시가 없었다. 며느리밑씻개를 알고 나니 며느리밑씻개야말로 줄기와 잎 뒷면에 잘고 날카로운 가시가 밀생하여 고부갈등이 심한 시어머니가 며느리에게 건네줄 밑씨개가 될법했다.

그러나 이 풀도 초여름부터 가냘픈 줄기 끝에 작고 예쁜 꽃을 피운다. 아래는 희고 끝부분은 분홍빛으로 쌀알보다 작은 꽃들이 모여 핀 모양은 연꽃을 연상케 하며 꼭 고마리 꽃과 같다.

식물을 알아 갈 땐, 고마리와 며느리밑씻개의 꽃이 너무 똑같아 헷갈리기도 했다. 그러나 날카로운 가시와 잎 모양으로 며느리밑씻개를 구별할 때쯤, 정말 흡사한 며느리배꼽이 나타나 나를 또 혼란스럽게 했다.

처음에는 두 식물을 분간하기 어려워 식물도감을 찾아가며 확인해 갔다. 며느리배꼽은 줄기를 감싼 턱잎이나 열매를 받친 턱잎이 배꼽처럼 동그라니 며느리밑씻개보다 확실하고 컸다. 턱잎 위에 피는 꽃은 녹색을 띤 흰빛이며, 깔때기 같은 턱잎에 담겨 보랏빛으로 익어가는 열매들의 모습은 정말이지 귀여웠다.

식물들이 그렇듯 단번에 알기가 쉽지 않다. 성장과정의 변화를 보면서 그 식물을 알아가고 구별하기도 한다.

위 두 식물 역시 자료를 찾아보고, 계절을 넘기며, 관찰을 하면서 조금씩 알게 되었다.

마침 두 식물이 거의 같은 장소에 자라는 것을 발견해 관찰할 수 있었다.

9월 중순 넘어 며느리배꼽의 열매는 벌써 남색으로 익어 가는데, 며느리밑씻개는 아직도

며느리 밑씨개

꽃으로 남아있다. 열매가 열리길 기다리다 못해 꽃을 만져보니 딱딱하게 만져진다.

분홍색 작은 쌀알 같은 꽃 속에서 열매들이 검게 익어가고 있었다. 하나 둘 꽃이 누렇게 시들어 벗겨지니 아주 작고 까만 씨앗이 모습을 드러낸다. 씨앗이 꽃 속에서 다 익을 무렵엔 건드리기만 해도 아래로 쏟아졌다.

며느리배꼽 같은 열매를 기대하다가는 영 볼 수 없었을 것이다. 원래 꽃잎이 없다는 며느리밑씻개는 꽃받침 속에서 씨앗이 다 익을 때까지 꽃 색깔을 그대로 유지했다. 꽃이 갈색으로 변할 때 다 여문 씨앗은 대부분 아래로 떨어지고, 한두 개의 작고 까만 씨앗이 가냘픈 줄기 끝에 매달려 있다.

산책을 하며 변화하는 과정을 보는 재미가 있었다.

이렇게 한 계절 두 식물을 비교 관찰한 결과 다른 점은,

며느리밑씻개는 꽃 속(꽃받침)에서 딱딱하고 윤기 없는 까만 씨앗이 익어 간다. 꽃에는 턱잎이 없고, 흰색에 붉은빛을 띤 꽃이 뭉쳐서 피며, 잎자루는 잎 가장자리에 달려있었다.

며느리배꼽의 열매는 배꼽 모양의 턱잎 위에서 보라에서 남빛으로 익어가며, 남빛 열매 속에 딱딱하고 윤기나는 검은 씨앗이 들어있다. 역시 씨앗을 감싸고 있는 광택 나는 남빛 열매는 꽃받침이라 했다. 씨앗이 다 여물면 남빛 꽃받침이 갈라지면서 반짝이는 까만 씨앗이 나온다. 며느리밑씻개 꽃 모양의 연한 녹색의 꽃이 피며 잎자루는 잎의 뒷면 조금 안쪽에 붙어있다. 이제는 언제 누구를 만나도 그 둘을 구별할 수 있게 되었다.

식물 전공도 아니면서 관심을 쏟으며 시간을 보낸 것 역시 내가 자란 환경과 무관하지 않을 것이다.

며느리배꼽

153. 길가의 꽃

산길을 가다가 흔하게 볼 수 없는 꽃 하나를 꺾었다. 동행에게 꽃의 이름을 알려주려는 우쭐함이 들어 있었을 게다.

“이런 꽃 보셨어요?”

“처음 본다.”

“괭이눈 꽃 이예요.”

“이쁘다. 특이하기도 하고- 그런데 왜 꽃을 꺾니? 그냥 보면 될 텐데.”

‘아차, 또 한 대 맞는구나. 나의 경솔함이’ 그동안 쉽게 꽃을 꺾어보던 습관, 식물 채집을 하던 습관이 그대로 나타난 것이다. 가끔은 꺾고 싶은 유혹을 뿌리치기도 했지만, 오늘처럼 무심결에 나오고 말 때가 있다.

왜? 왜 그리해야 하는가? 꼭 그렇게 해야 했는가? 왜는 중요했다. 그러나 보통 왜가 나오기 전에 행동을 한다. 행동하기 전에 한 번쯤 왜?를 생각해 볼 일이다.

젊은 날에 보았던 작은 곤충들만 나오는 영화인데, 마지막 대사가 잊히지 않는다.

-누구에게도 생명을 죽일 권리는 주어지지 않았다고-

팽이눈꽃

154. 어머니의 음성 수선화

내게 수선화는 어머니의 음성을 담고 있어 더욱 애틋한 꽃이다. 이제는 거동이 불편해지신 어머니를 모시고 딸들 셋이서 목천 농장에 갔다.

농장이라고 해야 특별히 가꾸는 것도 없지만 수선화가 한창이라 하여, 마침 봄볕도 좋고 어머니께 꽃구경을 시켜드리기 위함이었다.

내가 워낙 기계치이기도 하지만, 겨우 만져보는 스마트폰이라서 사진을 찍어 본 일이 없었다. 그래도 기념사진을 찍기 위해 어머니를 수선화 꽃밭에 앉혀 드리고는, 셔터를 눌러대는데 찍히는 소리도 안 나고 찍힌 건지 무엇인지 영 말을 안 들었다.

어머니 가시고, 어느 날 우연히 핸드폰의 사진을 보다가 수선화 사진에 하얀 원 안에 삼각형이 찍혀있어 깜짝 놀라 열어보았다.

옛날 목천에서 그렇게 말썽을 부리듯 안 찍히던 사진이 동영상으로 찍혔을 줄이야. 그것도 띄엄띄엄 부분적으로 나왔다.

카메라 탓만 하면서 움직여 댔으니 당연하다. 정말 다행히도 그 속엔 어머니 음성 한마디가 들어있었다. '그래' 하고 대답하시는 목소리다.

또 다음 컷에는 어머니 웃음소리와 함께 수선화 꽃을 잡고 포즈를 취하신 어머니의 환한 모습이 한 커트 잡히어 얼마나 고마운지…

제대로 한번 못 담고 보내드린 것이 안타깝고 가슴 아플 뿐이다.

155. 자연의 신비 쪽

천안 은석산의 은석골 입구에 자리한 박문수 어사 종중 재실 아래서 쪽 밭을 보았다.

처음 발견하고는 여뀌 같기도 한데 여뀌는 아니고, 밭에 심은 걸 보면 풀도 아닌 것 같았다. 우선 한 가지를 잘라 책갈피에 꽂았다.

밭 옆의 안마당이 넓은 시골집에서 세 여인이 쪽빛 명주 천을 널고 있다. 그 색이 너무 고와 한참을 바라봤다.

커다란 여러 개의 고무 통에서 물들인 천을 꺼내어 짜고 널고 한다. 빨랫줄에는 너무도 다양하고 아름다운 쪽빛 천들이 나부꼈다.

아! 이 식물이 바로 저 물을 들이는 쪽이였구나. 잡초 같은 풀에서 저렇게 고운 빛깔들이 나오다니, 자연과 인간의 만남이 자아낸 예술품이었다.

쪽 염색은 엷은 하늘빛에서 짙은 감색까지 다양하게 나오지만, 여러 색이 나오기 까지는 몇 번을 물들이느냐, 어떤 방법을 썼느냐에 따라 색이 달라진다고 한다.

요즘엔 천연 염색 과정이 어렵고 까다로워 염색 작품을 하는 이들로 소수 이어지고 있단다.

덕분에 그동안 궁금했던 쪽을 보게 되어 가슴이 뿌듯했다. 쪽은 꼭 여뀌를 닮았는데 잎 끝이 여뀌처럼 뾰족하지 않고 둥글며 키가 좀 더 작았다. 꽃도 여뀌를 닮았다.

쪽은 자연이 주는 또 하나의 신비였다.

156. 옥희 어머니와 도라지꽃

채소의 꽃들 중에 예쁘기로 둘째가라면 서러워할 꽃이 도라지 꽃 아닌가!

꽃봉오리도 사랑스럽고, 활짝 핀 모습도 마음을 사로잡는다. 흰색과 보라의 어우러진 도라지 꽃밭이 환상적이지만, 한 아름 항아리에 꽂아 감상하는 운치는 초여름 대청마루를 시원하고도 고즈넉하게 만든다.

'사랑방 손님과 어머니'의 소설 속에서 도라지꽃이 대청마루 풍금 위에 가득하니 꽂혀 있으면 딱 어울릴 만한 꽃이다. 옥희 어머니의 마음을 보듯…….

꽃은 사람의 마음을 전달한다. 꽃말이 붙어있어 더욱 사람의 관심을 끌게 하고, 묵시적인 매개체가 된다.

'영원한 사랑'이란 꽃말을 가진 도라지꽃은 많은 이들의 가슴에 여러 사연으로 새겨져 있을 것이다. 시골길을 가다가 발길을 멈추게 하는 도라지꽃은 ….

도라지꽃

157. 나의 꽃

나를 꽃으로 비유하라면 무슨 꽃으로 할까?

양귀비처럼 이쁘지도 않고, 백합처럼 매혹적인 향기도 없고, 장미처럼 가시도 없고, 동백꽃처럼 요염하지도 않으며, 호박꽃처럼 넉넉하지도 않고, 코스모스처럼 가냘프지도 않고, 백목련처럼 우아하지도 않고, 프리지어처럼 청초하지도 않고, 정열에 불타는 칸나도 아니고, 상사화처럼 애절한 사연도 없고, 수국처럼 탐스럽지도 않으며, 앙증맞고 귀여운 퓨리물러도 아니고, 백일홍처럼 강하지도 못하고, 봄의 전령사 수선화처럼 부지런하지도 못하고, 목단 같은 귀부인도 아니니 어떤 꽃이라면 좋을까?

향기도 진하지 않으며, 화려하지 않으며, 가냘프지도 강하지도 않으며, 귀티는 안 나지만 누구의 손에 정성껏 키워지지 않아도 자생할 수 있으며, 늦은 가을을 지킬 수 있으며, 약간의 약효도 있고, 사람들이 무난하게 좋아하며, 특별하지 않으나 지나가는 이들이 반겨주고, 수수무탈, 무해 무덕한 꽃, 그런 꽃이라면 족하겠다. 가을, 들이나 산에 피어나는 들국화는 어떨까? 보라색도 좋고, 노란색도 좋고 그냥 들국화라면 좋겠다.

158. 계요등(구렁내덩굴)

중앙대학교 안성 캠퍼스는 숲도 좋고 산책로가 좋아 안성으로 이사 와서는 걷기 운동을 시작하였다.

길가 개나리 울타리엔 환삼덩굴을 비롯하여, 댕댕이, 박주가리, 며느리밑씻개, 알 수 없는 덩굴식물들이 줄지어 자라고 있다.

무엇인가 나의 발길을 멈추게 한다. 덩굴식물 사이로 아주 예쁜 꽃을 보았다. 작은 꽃송이들이 잎겨드랑이마다 총총히 매달려 귀여운 모습을 자랑하고 있다.

처음 보는 꽃이라서 낱송이 하나를 따서 자세히 살펴보니 좁고 길쭉한 통꽃인데, 끝부분이 5갈래로 갈라졌다. 연한 핑크에 자줏빛 속을 한 앙증맞은 꽃이다.

처음엔 박주가리인가 했다. 잎 모양과 덩굴이나 크기도 비슷하고, 잎자루 마디마다 매달린 꽃 모양도 비슷했다. 박주가리 꽃은 별처럼 다섯 쪽으로 갈라져 꽃잎 끝부분이 뾰족하지만, 얘는 꽃 초롱이 길고, 갈라진 끝이 둥글게 보였다. 함께 자라고 있는 박주가리 잎은 흰빛 도는 잎맥을 가졌는데……. 하얀 유즙이 나오면 박주가리일 수도 있기에 우선 잎 하나를 따 보았다. 하얀 유즙은 안 나오고, 냄새를 맡아보니 썩은 냄새처럼 났다. 꽃 한 송이와 잎 하나를 따서 차에 실었더니 고약한 냄새가 차 안에 찬다. '요렇게 예쁜 꽃이 어쩌다 이런 냄새를 가졌을까?' 사진을 찍어 정선에게 보냈더니 인터넷서 이름을 찾아주었다. '계요등' (鷄尿藤)이라고. 아, 닭오줌 냄새가 난다 하여 붙여진 이름인가 보다 나름 해석을 했다.

3,40대에 열정을 보였던 식물 사랑도 식어 한 20년 가까이 관심에서 멀어졌다. 알았던 식물 이름도 잊어버리고, 그저 길을 가다가, 또는 산에 오르다 내가 찾아보았던 식물을 만나면 반가울 따름이다. 이제는 누가 식물 이름을 물어도 쉽게 입에서 나오질 않는다.

식물에 한참 심취해 있을 때, 같이 산에 오르던 친구가 물었다.

"그렇게 식물 이름을 알아서 어디에 쓰려고 그러니?"

"글쎄, 그냥 알고 싶어서, 아마 취미겠지"

여기까지 대답을 했다.

더 하고 싶었던 말을 아낀 것 같다.

'난, 이 모든 잡초에게 이름이 있다는 것이 너무도

신기해. 내가 아는 대로 이 아이들의 이름을 불러주고 싶어. 이름을 찾아보는 것도 재밌고, 이름을 붙여준 식물학자에게도 고마워. 어디 쓰일 데가 꼭 있는 것은 아니야.' 라고 맘속으로 생각했을 뿐이다.

사람들은 아주 작은 일에 의미를 부여하기도 한다. 더 큰일들, 더 의미 있는 일들이 세상엔 헤아릴 수 없이 많겠지만, 난 그때 모았던 식물채집 파일을 이사할 때마다 챙긴다. 가치는 없지만, 나의 관심과 손때가 묻었기 때문이다.

오늘, 오랜만에 새로운 식물 하나 발견한 것이 내게는 의미 있는 날이 되었다.

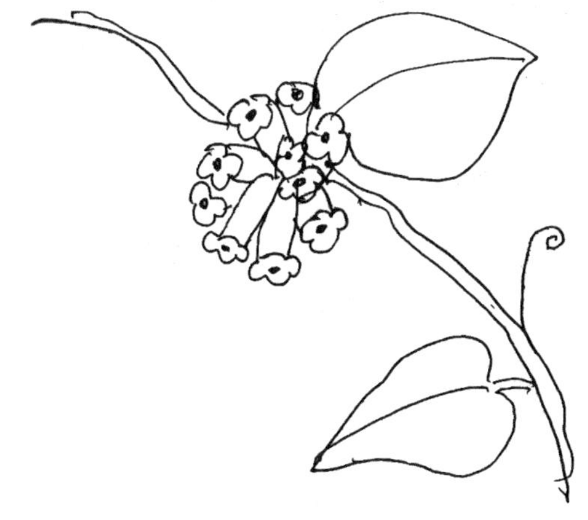

계케요등

159. 구름 꽃

세상에서 아름다운 꽃, 구름 꽃
가장 높은 꽃, 끝이 없는 구름 꽃
피고 지고 자유로운 천변만화 구름 꽃
변함없는 진리의 꽃, 구름 꽃

160. 신기루 채송화

햇볕 쨍쨍했던 여름방학 어느 날, 학교 꽃밭에 만발하여 현란하게 빛나는 채송화에 반해 캔버스를 들고 꽃밭에 앉았다.

그날 밤, 잠을 이룰 수 없었다. 꽃 요정들의 춤사위인지 도깨비들의 도술인지 눈만 감으면 눈앞에 펼쳐지는 꽃들의 세상, 만화경을 돌리는 듯 형형색색 꽃들판으로 나의 혼을 끌고 다녔다. 머리털 끝까지 쭈뼛거린다. 그런 아름다움이, 그러한 색채가, 그토록 신비한 판타지가 알 수 없는 그 너머의 세상에 존재했다.

사람들은 대부분 희망을 안고 자신이 꿈꾸는 세상을 향해 달려간다.

그날 밤 내 눈 안에 펼쳐지던 신기루 같은 세상이 그들 앞에 자신도 모르는 사이 여러 모습으로 이루어지리라 믿는다.

자신의 의지로, 신들의 도움으로, 또는 천지신명의 보살핌으로 그들의 꿈은 꼭 실현될 것이다.

외할머니의 전설 같은 옛 애기를 내게 들려주시던 어머니의 도깨비 이야기, 나를 홀렸던 채송화 잔상은 잊지 못할 한편의 드라마였지만, 외할머니의 도깨비들은 불가사의한 드라마를 남겼다.

내가 3살 때 외할머니가 돌아가셨다니 기억조차 없지만 어머니께서 들려주신 이야기는 꼭 확인해 보고 싶었다.

외할머니가 시집와서 아이를 낳는 대로 서너 살 만 되면 모두 데려갔단다.

어느 스님 말씀이 아이를 건지려면 아무도 모르게 수저 한 벌만 가지고 야반도주하는 길밖에 없다고 하여 외할아버지랑 달랑 수저 한 벌씩 들고 친척이 사는 천안으로 오게 되었단다.

당장 거처할 곳이 없으니 아무도 살지 않는 도깨비가 나온다는 집에 임시로 머무르게 되었는데, 밤마다 도깨비들이 몰려와서 짓궂은 장난을 치는지 부엌에선 사발 깨지는 소리, 그릇 두드리는 소리가 요란하게 들리고 무서워 잠을 이룰 수 없었다. 새벽닭이 울어 나가보면 솥뚜껑이 솥 안으로 쏙 들어가 앉아있단다.

사람의 힘으론 넣을 수도 빼낼 수도 없는 일이 벌어지고, 다음날 밤 찾아온 도깨비들은 또다시 밤새 시끄럽게 놀다가, 아침에 부엌에 나가보면 솥뚜껑은 솥

위에 얌전히 올라와 있단다.

지금 들으면 어느 누구도 믿을 수 없는 옛날 얘기지만, 어머닌 외할머니께 직접 들은 이야기라고 하신다. 어릴 때 도깨비에 얽힌 이야기는 몇 번 들은 적이 있다. 도깨비는 우리의 민속신앙으로 내려오기도 했다.

외할머니 댁에서 심술을 부리며 놀다 가던 도깨비들이 실루엣처럼 다가와 내게 훈훈한 미소를 선사하였다.

우리는 눈에 보이는 것만을 볼 뿐, 있을 수 없는 불가사의도 존재한다. 과학적으로 증명할 수 없는 부분들이 구전하여 떠돌기도 한다.

고염나무 아래 정화수 떠놓고, 비녀엔 물 마를 날 없이 치성을 드린 외할머니는 6남매를 두셨고, 편안한 삶을 사셨단다.

착한 마음도 함께 지녔다는 도깨비의 도움이었을까? 어찌 되었든 재밌는 설화이다.

지금도 도깨비들의 장난이 있어도 우리가 알아차리지 못하거나 그 장난이 현대에 맞게 달라져 우리가 눈치채지 못하고 있는지 모르겠다.

어쩌면 인간이 너무 똑똑해져 도깨비들이 아예 포

기하고 다른 행성을 찾아갔을지도 모르겠다. 도대체 믿지도 않고, 넘어가지도 않고, 무서워하지도 않으니 어디 발붙일 곳이 있을까?

우리의 민속신앙이나 토속신앙은 분명하게 변하고 있다. 예수님이나 부처님의 지혜와 사랑으로 도깨비들도 모두 귀화하였을까? 외할머니가 보고 싶은 날에,

(후에 문헌을 살펴보니 우리나라에도 도깨비 신앙이 있었고, 외할머니 댁에서 일어나던 일처럼 솥뚜껑도 얘기도 나온다. 그러니 외할머니께서 전해오는 이야기를 딸들에게 들려준 것인지, 아니면 어린 딸들이 이야기를 듣고 실제 집에서 일어난 일로 착각하는지 사실을 알 수 없다. 외할머니가 안계시니)

161. 부끄러운 스승의 날 카네이션

아마도 교사라는 직업은 어느 직업보다도 오점이나 부끄러움이 많은 직업이라고 생각된다. 왜냐면 아이들에게 본이 되어야 하는 선생님이기 때문이다.

그러나 교육관이 확실하게 서 있고, 참다운 인성이 갖추어져 있거나, 순수한 사랑으로 학생을 인도하는 교사들이 없는 것은 아니다.

꽃 이야기를 쓰면서 나 자신에게 가장 부끄럽게 떠오르는 영상들을 모르는 척 지나칠 수가 없다.

이미 교직은 떠났지만, 70고개 언저리에서 나의 부끄러움을 인정하고 속죄하는 심정으로 교단에 있는 후배들이나 내가 맡았던 제자들에게 이 글로 용서를 바라는 마음이다.

교사직 10년 차 이전에는 많은 시행착오와 의욕과 욕심이 어우러져 기대치도 높았다. 기대치에 못 미칠 때면 화를 참지 못하고 심한 체벌이나 언어폭력이 학생들에게 돌아갔다.

지금 생각하면 그들의 잘못이 아니라 담임인 나의 잘못이 큰 것이었다. 1학년 아이들은 선생님이 왜 화를 내는지조차 몰라 눈만 껌뻑이는 학생들도 있었으니....

그때의 나는 교육이 무언지 사랑이 무엇인지도 모르고 교단에 서서 교사의 권력을 남용한 것 같다. 학교 업무와 교장, 교감, 교무 선생님의 무거운 힘 앞에 눌려 아이들의 아픈 곳, 어려운 곳, 힘든 곳을 일일이 살필 줄 몰랐다. 아니 그럴 여유를 갖지 못했다는 핑계가 좋을 것이다.

교직 9년 차? 4학년 담임일 때다.

너무나 야무지고 속이 깊던 반장 지현이 담임인 나를 쥐구멍을 찾게 했다. 스승의 날 아침, 노른자위라는 중앙초등학교가 아침부터 떠들썩하다. 교실마다 교탁엔 선생님 선물이 쌓였고, 카네이션이 한 송이씩은 모두 들고 있었다.

우리 교실을 지나는데 아이들은 너무나 얌전히 깨끗한 책상에 앞에 앉아 있다. 교실 문을 여니 아이들 환호와 박수가 쏟아진다.

그러나 나의 얼굴은 표정관리가 안 되었나 보다. 직감한 아이들 표정도 굳어진다. 괘씸하고 서운한 맘을 감출 수가 없다. 아마도 학생들 손은 책상 서랍에든 꽃이나 선물을 만지작거리며 자신들의 시나리오가 빗

나갔음을 감지했을 것이다.

평소 우리 반 아이들은 나를 원더우먼 같다고 했다. 그때 인기 방영이던 드라마다. 아침에 원더우먼처럼 활짝 웃으며 교실 문을 여는 담임이 좋다고 했다. 그러나 오늘은 아마도 팥쥐 엄마 같았을지도 모른다.

배신감이랄까? 옆 반에서 '스승의 은혜' 합창이 울려 퍼진다. 이 침묵의 순간을 더 끌기 전에 반장이 나와서 내게 이벤트 시간을 요청한다.

내심 자신을 탓하며 그러라고 했다. 카네이션 달아드리기, 선물 드리기, 스승의 노래, 장기 자랑 등 선생님을 놀래주고 싶었던 깜짝쇼를 반장과 회장의 사회로 이어갔지만 이미 서로가 마음을 들키고 알아챈 후라서 기대 만발했던 그 어린 것들의 기막힌 이벤트는 풀이 죽었다.

나는 얼굴이 화끈거리고, 이런 일을 꾸민 반장과 그 일당들이 기특하기도 야속하기도 하였다. 나의 속을 훤히 내보였으니 어떻게 변명할 수도 수습할 길도 없다. 사리사욕이 없는 척 지내왔던 내 모습이 남들과 전혀 다를 것이 없는 순간이었다.

아이들의 코 묻은 돈은 담임 선물이라고 꽃, 손수건, 손거울, 머리핀, 브로치, 스타킹 등 바로 아래 시장에서 열심히 고른 것들이다. 몇몇 부모가 보낸 선물도 받는 손이 너무나 부끄럽고, 한편으론 눈물이 핑 돌 지경이다. 오전 수업을 끝내고 대강 청소를 마친 지현이 내 옆으로 다가왔다.

"선생님, 아까는 서운하셨죠?"

"그래, 수고 많았구나."

그때가 4학년이었으니 눈치 빠른 우리 반 몇몇 친구들이나 지현은 나처럼 잊지 않고 있을 게다. 내게도 절대 잊을 수 없는 창피한 일로 남과 다르지 않은 민낯을 보인 셈이니…….

이것이야 학생들 앞에 속내를 보인 자신의 부끄러움이지만, 그보다 학생들에게 더 큰 상처를 안긴 것은

학생들의 엉덩이에 카네이션 꽃빛처럼 붉은 자국을 남겨주었고, 교육이 아닌 감정의 체벌로 그 아이들의 기억에 사라지지 않을 아픈 기억을 남겼다.

내가 초등학교 다닐 때 선생님들은 학생들을 무자비하게 때리던 것을 보았다. 교직 현장에 나와서도 선배들이 학생을 체벌하는 여러 가지 방법을 어깨너머

로 배웠다. 좋지 않은 교육 방법이라는 것을 느끼면서도 나쁜 욕을 먼저 배운다는 어린아이처럼 아무 거름망 없이 들어왔다. 너무 화가 나거나 감정이 폭발하면 나도 그대로 따라 하면서 양심의 가책보다는 자기합리화로 마음을 풀었다.

그중 가장 나를 반성하게 하고, 후회하게 한, 또 나를 깨우치게 한 사건을 잊지 못한다. 그것도 10년 차 전후의 일로 기억된다.

그 학생의 얼굴도 이름도 기억에 없지만 얼마나 담임을 애를 먹이고 말썽을 부렸는지 나의 체벌은 그 아이가 가장 부끄러울 방법을 선택했다. 얼굴에 손찌검을 당하는 것, 이보다 더 모욕적인 일이 또 있을까? 완벽하게 자존심을 꺾는 일이다. 반 학생들 앞에서 그 아이의 얼굴에 손을 올리는 순간 나는 현기증으로 어떻게 1대를 때렸는지 정신이 없었다. 꼭 꿈에서 상대방을 때리려고 해도 힘이 가지 않는 것과 같은 느낌이었다. 그 이후론 한 번도 아이들 얼굴에 손을 대는 일은 하지 않았다.

덕순이, 선식이, 향숙이, 상규, 석원이, 그밖에 여러 친구들, 미안하고 미안하다.

이렇게 마음이 아프고 지금도 잊지 못하는 것은 매에 감정이 실렸기 때문이다.

잘못을 했어도, 규칙을 어겼어도, 시험을 잘못 보았어도, 또는 자신의 역할을 다 못했어도, 체벌이 정당하기보다는 교육 방법의 어설픔이나 사랑이 부족함에서 오는 매였다는 것을 이제야 고백한다.

그때가 20대 후반에서 30대 초반이었구나. 감정과 혈기와 의욕이 앞서는 젊은 날의 미숙함이었지. 이 자리서 더욱 솔직하게 말한다면, 나의 교육관이 바로 서지 못하고, 속과 겉이 일치하지 못한 데서 오는 과오라고 할 수 있단다. 그래서 후회가 따른다.

젊음은 생기발랄하고, 열정이 넘치고, 머리 회전도 빠르고, 에너지도 충만하지만, 나이가 들어가며 완숙해진다는 것은 잘못을 깨닫는 여유, 옆을 바라볼 수 있는 여유, 남의 아픔을 알아채는 따뜻함, 세상 이치를 깨닫는 마음, 이러한 온기와 경험에서 오는 지혜로 젊음과 늙음은 서로 조화를 이루어 이 사회를 지켜가고 있는 것 같다.

나 역시 교단을 디디며 1년이 끝나는 마지막 날에

는 언제나 한 해를 반성하고, 좋은 교사가 되겠다고 맹세문을 써보지만 뜻대로 되질 않았다.

우리 반 친구들아! 또 나의 뒤를 이어 교단에 서는 우리 후배들아! 이 글로 용서를 빈다.

어떤 이유에서든, 어떤 방법의 체벌이든 체벌은 누구에게도 도움이 되지 않는다는 것, 바른 교육이 되지 않는 것을 세월이 흐르면서 절감한다.

또한 교사는 모름지기 공정해야 하며, 편애가 없어야 하며, 사심을 갖지 말고, 교육을 위해서 학생들의 가정 형편을 잘 파악하고 있어야 하나 부모의 관심이나 빈부에 흔들려서도 아니 된다. 모름지기 진심으로 학생들을 사랑하는 마음이 앞서야 한다는 것을 말하고 싶다.

상처를 남겼을 말 한마디, 회초리 1대에 너희들 상처는 어떻게 아물었을지 모르지만, 몇 십 년이 지난 지금에도 선생님의 상처는 크고 작은 흉터로 남아있게 된다.

스승의 날 빨간 카네이션은 나의 부끄러움만큼이나 색이 짙구나.

162. 창가의 나무 (병실 앞)

나무가 좋다.

병실에 반쯤 누워 창밖을 보니 파란 하늘 아래 연둣빛 잎사귀들이 팔랑거린다. 어쩜 이처럼 평화로울까? 살랑살랑 봄바람이 얼굴을 스치니 더 이상 행복할 수가 없다.

갑자기 내가 좋아하던 나무의 의미가 사라진다. 경계가 무너진다.

줄기가 깨끗한 나무, 꽃이 피는 나무, 향기로운 나무, 정원수로 심는 나무, 들에 자라는 나무, 상록수, 활엽수, 큰 나무, 작은 나무, 그중 어떤 나무를 갈라서 좋아한다고 말할까?

지금 이 순간 거기에 나무가 있어 행복할 뿐이다. 어떤 나무여도 상관없다.

잎이 바람에 나부끼고, 새들이 날아오고, 싱그러움으로 5월을 말하는데 무엇이 더 필요하단 말인가?

지금 저 나무는 병실 앞 정원에 심어졌고 느티나무라는 이름이 주어졌을 뿐이다.

나는 지금 그저 나무를 느끼며 고마워하고 있다.

그곳에 쪽동백이 있어도, 미루나무가 있어도, 향기를 날리는 아카시아가 있어도 나무가 있으므로 족하다.

그동안의 사물을 바라보고, 느끼고, 생각하는 경계가 오늘 나무를 바라보는 마음처럼 모두 사라진다면 좋겠다.

'분별 심을 없애라' 는 어느 선인의 말씀이 오늘 처음으로 실천되는 순간이다.

163. 사랑의 꽃

해바라기처럼 큰 꽃, 꽃마리처럼 작은 꽃, 향기 좋은 장미, 향기 없는 풀꽃, 탐스러운 목단, 소박한 찔레 어느 하나 소중하지 않은 꽃이 없고, 완벽하지 않은 꽃이 없다. 하나하나 얼마나 오묘하고 얼마나 예쁘던가?

개울가를 지나다 앉아서 풀꽃들을 살핀다. 눈높이를 낮출수록, 그들과 가까이할수록 잘 보이고 많이 보인다.

지금 내가 앉은 자리서 둘러보는 1평 남짓한 풀숲에는 없는 꽃이 없다.

실제로 보지 못했던 벼룩나물 꽃, 처음 보는 가는 살갈퀴 꽃, 어쩌다 눈에 띄던 봄맞이꽃, 봄까치꽃(개불알풀), 벼룩이자리 꽃, 별꽃, 선개불알 꽃, 주름잎꽃, 꽃마리, 쇠뜨기 저쪽에 뽀리뱅이, 냉이, 애기똥풀, 민들레, 물가엔 노란 창포, 있는 꽃은 다 모였다.

풀 속을 젖히며 자세히 들여다보니 모두가 신기하기 그지없다.

이 작은 땅 안에도 이 많은 생명들이 공존하고, 저마다 꽃을 피우고 있으니 평등하고 평화롭다. 어느 누가 잘나고 못나고도 없고, 예쁘고 미운 것도 없다.

그냥 그 자리에서 저마다의 생을 누리며, 뽑히면 뽑히는 대로, 꺾이면 꺾이는 대로 그들은 경계 없이 무관하게 아름답다.

처음 발견한 꽃들에 놀라움을 금치 못하며, 그동안 무심히 지나쳤던 꽃들에도 눈을 뗄 수가 없다.

그들이 지닌 특별함이 보이고, 완벽함이 보이고, 신비함에 전율하고, 맡지 못했던 그들만의 향기를 맡는다.

여기에 어찌 줄을 세우며, 우열을 가른단 말인가?

우리 아이들이 여기 꽃들처럼 다시금 떠오른다.

자세히 그 안을 들여다보지 못했다. 현미경을 들이대듯 살피지 못했다.

모두가 완전한 아이들인데 교사는 교사의 눈으로 그들을 바라보았다. 교사가 보이는 것, 아는 것만 보았을 뿐이다. 그들과 눈높이를 맞출수록 잘 보인다는 사실을 몰랐다. 교사의 척도로 판단을 했을 뿐이다.

그 아이의 옷, 얼굴(환경, 형편), 생각, 특기, 적성, 감성 등을 꿰뚫어 보지 못했고, 겉모습만 보았으며, 그들의 내면과 교감을 나누지 못했다.

모두가 소중하고 평등하며, 각자의 아름다움을 지니고 그만의 향기가 있다는 것을 간과했다. 진실한 사랑과 따뜻한 인정(긍정)으로 아이들에게 더 큰 희망을 주지 못했다.

아이들도 성장하는 독립된 인격체라는 것, 서로 존중해야 한다는 것, 순수한 사랑을 받을 권리(이유)가 있다는 것, 누구의 소유물이 아니라는 것을 진작부터 깨쳤다면, 부모는 마음 고생이나 집착을 멈췄을 테고, 교사는 화내는 일 없이 욕심을 비웠을 테고, 직장의 오너들도 갑질을 멈추고, 그들의 능력을 활용하였을 테며, 국가 원수는 더 행복한 나라를 만드는 데 주력했을 텐데...

난 교사로서 이미 때를 놓쳤고, 나의 손길이 필요치 않을 때 이 사실을 깨닫게 되니, 오늘 1평의 땅 조각에 핀 생명체들을 보며 부끄러운 회한이 밀려온다.

얼마 전에는 나무를 보며 사고의 경계가 사라지고, 오늘은 온 생명체의 평등함을 깨달으니, 이 깨달음이 순간이 아니길 빈다. 변함없이 내 가족에게, 이웃에게, 모든 사물에게도 이 마음이 진실로 변함없기를 바란다.

오늘따라 마음이 고요하고 평온하다. 평등과 사랑이…

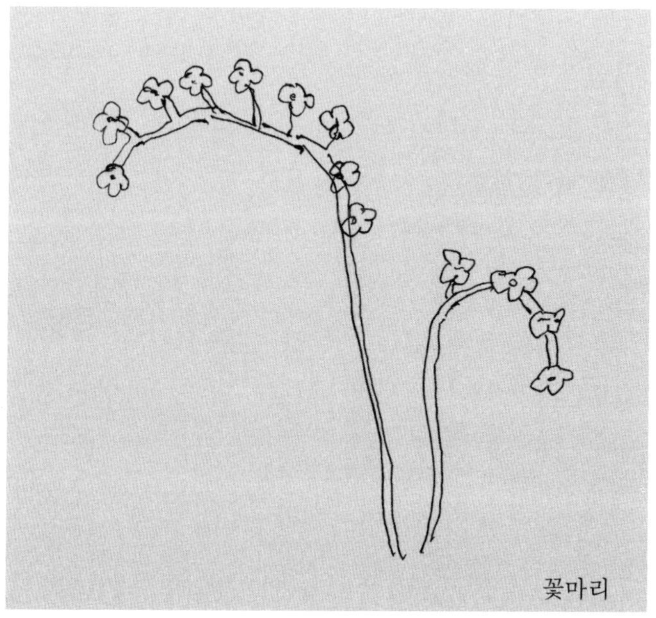

-글을 마치며-

ㅡ내게 식물학적 전문성은 없으나, 자라면서 꽃과 관련된 이야기들을 느낀 대로 생각나는 대로 경험이나 체험을 솔직하게 기록했다.

때문에 글에 나오는 인물도 거의가 실명이거나 실존 인물들이다. 그들의 명예를 훼손하지 않는 범위 내에서 올렸지만, 혹시나 나의 오해가 있거나 불쾌한 분이 있다면 진심으로 사과를 드린다.

여기 나온 이야기들은 1960년 전후 즉, 나의 초등학교 입학 전부터 지금까지 꽃과 맺은 인연들을 글로 옮겨 본 것이다. 그러다 보니 가족이 많이 등장하기도 하고, 꽃과 식물의 이야기들을 담담히 써 내려갔지만, 학문적으로 맞지 않는 부분이 있을 수도 있다. 이점, 독자분들의 넓은 이해를 바란다. 또, 등장하는 분들에게 사전 동의를 구하지 못한 점 깊은 양해를 구하는 바이다.

저자가 주로 참고한 서적은 한국 동식물 도감 44권 중 18권 이영노 선생님의 식물편(문교부)에서 계절 식물이다. 초등학교에 근무하면서 도서관 책장 안에 오랫동안 묵히어 고서 냄새가 나는 계절 식물도감을 찾아냈다. 그것이 1980년 중반의 일이다. 그러나 해상도도 약하고, 퇴색하여 원하는 식물을 찾기가 쉽지 않았다. 지금은 인쇄술, 사진술은 물론 인터넷이 발달되어 찾는 방법도 다양하다. 그 시절에는 오로지 서적에만 의존했기 때문에 눈으로 본 식물의 기억과 책에 나온 사진이 서로 일치하는 데는 시간도 많이 걸리고 어려움이 많았다. 그래도 이영노 선생님의 식물도감이 다양하고 자세하여 많은 도움이 되었다. 그 후 이영노 선생님의 한국식물도감이 단행본으로 출간되어 2000년 초반에는 내 곁에 두고 볼 수 있도록 도감을 마련하였다.

끝으로 이 글을 쓰도록 제안하고, 동기를 부여해 준 여고와 교대 동문인 김신형 후배에게도 감사를 드린다.

후 기

정신없이 써 내려갔다. 그림 그릴 때보다도 재미있게, 나의 지나 온 경험과 기억들을 필름처럼 돌리며 스스로 즐거웠다.

부족하지만 그림과 함께 올리게 되어 의미도 있으나, 올망졸망 개인의 체험이다 보니 깊은 지식이나 큰 이상에는 미치지 못한다.

그러나 부담 없이 나름대로 솔직 담백하게 펼쳤으니, 이 글을 대하는 분들이나 꽃을 사랑하는 이들이 공감하며, 아주 작은 얘기지만 서로 공유하면 좋겠다는 마음이다.

글을 쓰면서 식물에 대한 더 많은 관심과 애정을 갖게 되었으니 이 또한 소득이 아닐 수 없으며, 더불어 나의 지난 교사 생활을 되짚어보며 어설프고 부족했던 교육 방법과 아이들을 진정으로 사랑하는 마음이 성숙하지 못했던 점 이제나마 제자들과 선후배님들께 용서를 비는 바이다.

참고 문헌

이영노 한국식물도감(교학사) 인터넷 지식 백과(두산백과, 위키백과, 우리들 백과 등)

글을 쓰면서 가장 아쉬웠던 것은 어린 날 꽃을 보며, 자연을 보며 감동했던 그 분위기나 느낌을 도저히 글로는 표현할 수 없다는 것이다. 무슨 말로 어떻게 표현해야 나만이 느꼈던 그때의 기분을 전달할 수 있을지 나의 어휘력이나 구사력으로는 한계에 부딪친다. 설렌다. 신기하다. 신비롭다. 귀엽다. 황홀하다. 경이롭다 등의 형용사가 반복해 나오는 이유다.

그러나 성장해서 그들과 만남은 얼마만큼은 글로 쓸 수 있었다. 표현할 수 없는 야릇한 느낌보다는 서술성이나 설명성이 크기 때문이다.

그래도 어린 날에 느꼈던 감정이 아직 사라지지 않고 불씨처럼 남아있다는 사실로 위안을 가져본다.

박 선 옥 약력 (1953~2020)

1953년 충청남도 천안에서 남
천안초등학교, 천안여중, 천안여고졸업.
공주교육대학, 서울산업대학 응용화화과 졸업
성신여대 대학원 미술교육과 졸업,
충청남도 초등학교 교사 및 학교장 역임,
한국미협, 그릴회, 천안미술작가회 등 미술활동(1976~2010)
제1회 개인전 천안문화원(1980)
제2회 개인전 서울종로갤러리(2000)
국내, 해외 각종 그룹전

나의 꽃 이야기

초판 인쇄 2021년 8월 25일
초판 발행 2021년 9월 1일
지 은 이 박 선 옥
펴 낸 이 최 석 로
펴 낸 곳 서 문 당
주 소 경기도 고양시 일산 서구 덕산로 99번길 85
우편번호 10204
전 화 031-923-8258
팩 스 031-923-8259
창립일자 1968년 12월 24일
창업등록 1968.12.26 No.가2367
출판등록 제 406-313-2001-000005호
ISBN 978-89-7243-810-6
* 파본은 바꾸어드립니다.